심슨구문

shimson syntax

심우철 지음

Preface

책을 내면서...

저는 오랫동안 학원 강사로 학생들을 만났습니다. 시험이라는 전쟁을 치르고 있는 학생들의 책사로서 영어 과목에 대한 전략을 조언하는 것이 제가 하는 일이었습니다. 28년간 매년 치러오는 전쟁이지만 항상 잔혹하게 느껴집니다. 누군가는 승리의 환희를 맛보겠지만 또 다른 누군가는 반드시 패배하게 되어있는 것이 바로 수험이라는 전쟁의 현실입니다.

2012년에 공단기 입성을 준비하면서 스스로 약속했습니다. '수험생들의 인생을 좌우하는 공무원 시험이라는 전쟁터에서 학생들의 학습에, 더 나아가 학생들의 미래를 향한 도전에 있어 진정한 길잡이가 되겠노라'라고요.

『심슨 영어』는 『심우철 합격영어』를 바탕으로 최근 공무원 시험 출제 경향 및 난이도를 반영하며, 가장 핵심적인 뼈대를 먼저 학습한 후 차근차근 살을 붙여 나갈 수 있도록 업그레이드한 교재입니다.

또한 『심슨 영어』는 28년간 수험 영어 최전선에서 살아온 제 노력의 압축이며, 당시 스스로 한 약속에 대한 응답이기도 합니다. 부디 이 교재가 미래의 공무원을 꿈꾸는 수험생들이 영어 학습에서의 난항을 벗어나는 데 도움이 되었으면 합니다.

시험에 필요한 것들만 정갈하게 담을 수는 없을까?

공무원 영어 수험서는 이미 시중에 넘쳐납니다.
하지만 기존의 딱딱한 영어 이론에 대한 중구난방식 나열만 있을 뿐 학생들이 이것을 더 쉽게 이해할 수 있도록 새로운 형태의 학습법을 제시하는 교재는 찾을 수 없었습니다.

이 책에는 영어 학습에 있어 핵심이 되는 '구문', '문법', '독해'의 필수 개념을 철저하게 최근 공무원 시험 출제 기조에 맞춰 수록하였습니다.
단순히 열거만 한 것이 아니라 '구문'은 '패턴'으로, '문법'은 '포인트'로, '독해'는 유형별 'Reading Skill'로 풀어내어 학생들의 이해를 한층 도왔습니다.

2025 출제 기조 변화 완벽 반영

2025년 새롭게 변화하는 시험은 단순 암기식 평가 비중을 축소하고, 민간 어학 시험의 출제 경향을 반영하여 크게 개편됩니다.

그에 따라 새로운 경향에 맞추어 불필요하고 지엽적인 내용은 최소화하고, 해석을 위한 학습을 중점으로 맞춤형 연습을 할 수 있도록 한 권에 담았습니다.

『심슨 영어』 하나면 됩니다.

더 이상 어떤 교재로 공무원 영어를 공부해야 하는지 고민하며 시간을 버리지 마십시오.
『심슨 영어』에 공무원 영어의 모든 것이 담겨 있습니다.
공무원 영어는 이 책 하나면 완벽하게 끝납니다!

목차

이 책의 구성과 특징

1   변화되는 시험에 최적화된 구문 기본서

2025 시험 기조 변화에 따라 지엽적이고 불필요한 내용은 과감하게 삭제하였으며, 바뀌는 시험에 대비하기 위해 반드시 알아야 할 구문 포인트를 집중적이고 효율적으로 학습할 수 있습니다.

2   심우철 선생님의 노하우가 담긴 기본서

많은 수험생들이 영어의 복잡하고 다양한 문장을 만날 때 해석상의 어려움을 자주 토로합니다. 그런데도 공무원 영어 수업은 영어 해석을 위한 수업보다는 문법 수업에 치중되어 있습니다. 심슨 구문은 영어 문장을 정확하게 한국말로 이해할 수 있도록 심우철 선생님의 노하우를 녹여낸 교재입니다.

3 한눈에 들어오는 구문 패턴 & 엄선된 연습 문제를 통한 해석의 법칙화

심슨 구문은 공무원 시험에 자주 등장하는 영어 문장들을 대표 패턴들로 분류하여 정확한 해석 방법을 제시합니다. 누구나 구문을 쉽게 이해할 수 있고 체득할 수 있도록 단순하고 체계적인 방식으로 빈출 구문을 패턴화하였습니다. 또한 학습한 구문 패턴을 최신 시험 경향에 맞추어 엄선한 해석 연습 문제를 통해 바로 적용해 볼 수 있습니다.

4 친절하고 상세한 구문분석집 & 부록으로 추가 학습까지

연습 문제로 출제된 구문들을 한눈에 파악할 수 있도록 각 문장을 도식화하여 수록하였으며, 직독직해를 통한 끊어 읽기 연습과 매끄러운 해석을 통해 최대의 복습 효과를 누릴 수 있습니다. 또한 어휘적인 측면에서 구문에 대한 추가 학습을 할 수 있도록 부록 파트를 구성하여, 영어 고득점에 한 걸음 다가갈 수 있도록 꾀하였습니다.

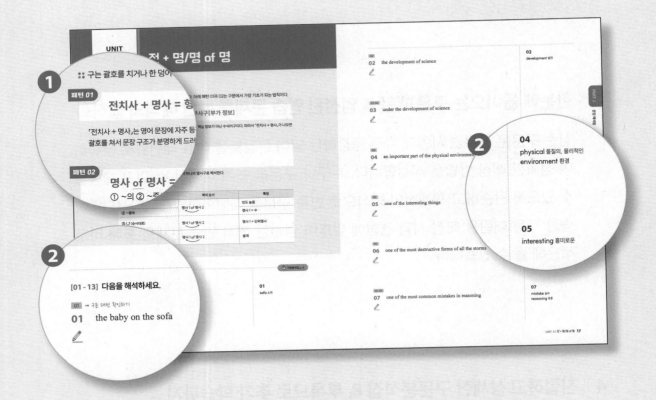

1 구문 이해를 위한 대표 패턴 수록

영어 문장을 해석하기 위한 대표 패턴들을 통해 복잡하지 않고 단순하게 구문 해석법에 접근할 수 있습니다.

2 각 패턴의 실제 적용 연습

학습한 구문 패턴을 실제 공무원 시험에 등장하는 다양한 문장들에 적용하는 해석 연습을 함으로써 구문 패턴을 체득할 수 있습니다.

① 패턴 박스 → 각 문제가 어떤 패턴에 속하는지 확인 가능

② 어휘 리스트 → 연습 문제의 해석을 돕기 위한 어휘 제공

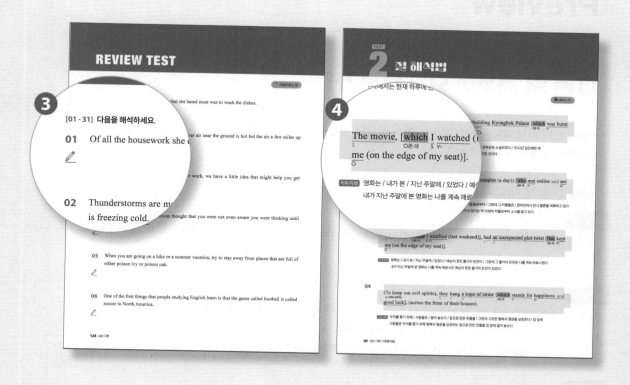

3 REVIEW TEST

본 학습을 마친 후 REVIEW TEST를 통해 실력을 자가 진단하고 최종 구문 해석 연습을 마무리할 수 있습니다.

4 연습 문제의 정답 확인과 문장 분석을 위한 구문분석집

별도의 책으로 구성된 구문분석집을 통해 직독직해의 끊어 읽기 연습과 매끄러운 해석법을 확인할 수 있을 뿐만 아니라 도식화된 문장 분석을 활용하여 앞서 학습한 구문 패턴을 다시 한번 확인하는 복습 효과를 누릴 수 있습니다.

Preview

나는 왜 해석이 되지 않는가?

"단어는 다 아는데도 문장이 잘 해석되지 않았던 경험이 있을 것이다.
도대체 무엇이 문제인 걸까?

다음 문장을 해석해 보자!

예문 1

Light from a distant source, such as the sun, strikes a collection of water drops such as rain, spray, or fog.

예문 2

A sudden increase of population over the carrying capacity of the land brings about a deterioration in the standard of living such as housing shortages, traffic congestion, and environmental degradation.

예문 3

After years of research and expensive experimentation, an independent laboratory with specialists in bio-technology has finally uncovered a naturally occurring substance that can be taken orally in tablet form.

해석이 매끄럽게 되는가? 우리가 귀가 따갑게 들었던 '문장의 5형식'에 따르면, 영어 문장은 S(주어), V(동사), O(목적어), C(보어)의 4가지 필수 성분으로 구성되어 있다. 그런데 어떻게 4가지 성분만으로 한 문장이 위와 같이 길어질 수 있을까? 그리고 우리는 왜 길어진 그 문장을 제대로 해석하지 못하는 걸까?

[진단] 해석이 되지 않는 이유는 다음과 같다!

첫째, 구 개념을 제대로 배우지 못했기 때문이다. [주관적 이유]
둘째, 문장 구조를 복잡하게 만드는 부가정보 때문이다. [객관적 이유]

1. '구'란 2개 이상의 단어가 하나의 의미 단위가 되는 것을 말한다. 구에는 명사구, 형용사구, 부사구 등이 있으며, 각각 명사, 형용사, 부사의 역할을 한다.
2. 이때, 부사구는 의미를 구체적으로 만들어 주어 필자가 말하려고 하는 바를 세밀하게 표현할 수 있지만, 문장 구조를 한눈에 파악하는 데는 오히려 방해가 된다. 문장 구조를 분석할 때에는 부사구가 중요하지 않다고 생각하라. 그러면 문장 구조가 한눈에 보일 것이다.

[해결책] 그렇다면, 문장을 어떻게 분석해야 하는가?

> STEP 1. '구'의 종류와 역할을 정확히 이해하라.
> STEP 2. 구문 분석 시 부가정보(부사구)를 괄호로 묶어라.

진단이 정확하다면, 처방은 간단하다. 구의 종류와 역할을 이해하고, 구문 분석 시 부사구를 괄호로 묶어 문장의 큰 틀을 파악하는 것이 구문 분석에서 가장 중요하다.

예문 1의 부가 정보들을 괄호로 묶어 보자!

예문 1

Light (from a distant source), (such as the sun), strikes a collection of water drops
　　　부사구　　　　　　　　　　　　부사구
(such as rain, spray, or fog).
　　　부사구

cf. 위 문장의 부사구는 모두 엄밀하게는 앞의 명사(구)를 수식하는 형용사구이다.
　　하지만, 구문 분석 시에는 「전치사 + 명사」가 부가적인 정보라는 측면에서 모두 부사구로 처리한다.

이 문장이 해석되는가?

Teachers / love / students.　　직독직해 선생님들은 / 사랑한다 / 학생들을
　S　　　　V　　　O

그럼, 이 문장도 해석할 수 있어야 한다.

Light / strikes / a collection of water drops.　　직독직해 빛이 / 때린다 / 물방울 덩어리를
　S　　　V　　　O

예문 1에서 부사구인 「전치사 + 명사」를 괄호로 묶으면, 문장 성분 중심으로 구조가 한눈에 들어온다.

예문 1의 해석

직독직해 빛이 / 먼 근원으로부터 온 / 예를 들어 태양과 같은 / 때린다 / 물방울 덩어리를 / 비, 물보라, 또는 안개 같은
해석 (예를 들어 태양과 같은) (먼 근원으로부터 온) 빛이 (비, 물보라, 또는 안개 같은) 물방울 덩어리를 때린다.

예문 2의 부가 정보들을 괄호로 묶어 보자!

예문 2

A sudden increase of population (over the carrying capacity of the land) brings
　　　　　　　　　　　　　　　　　　　　　　　　　　　부사구
about a deterioration (in the standard of living) (such as housing shortages, traffic
　　　　　　　　　　　　　　　　부사구
congestion, and environmental degradation).
부사구

이 문장이 해석되는가?

Teachers / love / students.　　**직독직해** 선생님들은 / 사랑한다 / 학생들을
　S　　　 V　　 O

그럼, 이 문장도 해석할 수 있어야 한다.

A sudden increase of population / brings about / a deterioration.
　S　　　　　　　　　　　　　　　 V　　　　　　 O

직독직해 인구의 갑작스러운 증가는 / 야기한다 / 어떤 악화를

예문 2에서 부사구를 괄호로 묶으면, 문장 성분 중심으로 구조가 한눈에 들어온다

예문 2의 해석

직독직해 인구의 갑작스러운 증가는 / 땅이 수용할 수 있는 양보다 많은 / 야기한다 / 어떤 악화를 / 삶의 기준에 있어서 / 주택 부족,
교통 혼잡, 환경 파괴 같은

해석 (땅이 수용할 수 있는 양보다 많은) 인구의 갑작스러운 증가는 (삶의 기준에 있어서) (주택 부족, 교통 혼잡, 환경 파괴 같은)
어떤 악화를 야기한다.

예문 3의 부가 정보들을 괄호로 묶어 보자!

예문 3

(After years of research and expensive experimentation),
부사구

an independent laboratory (with specialists) (in bio-technology) has finally
　　　　　　　　　　　　　부사구　　　　　　　부사구

uncovered a naturally occurring substance (that can be taken orally in tablet form).
　　　　　　　　　　　　　　　　　　　　　부사구

이 문장이 해석되는가?

Teachers / love / students.　　직독직해　선생님들은 / 사랑한다 / 학생들을
　S　　　　V　　　O

그럼, 이 문장도 해석할 수 있어야 한다.

An independent laboratory / has finally uncovered / a naturally occurring substance.
　S　　　　　　　　　　　　　V　　　　　　　　　　　O

직독직해　독립적인 연구소는 / 마침내 발견했다 / 자연적으로 발생하는 물질을

예문 3에서 부사구를 괄호로 묶으면, 문장 성분 중심으로 구조가 한눈에 들어온다. 위 문장에서 목적어인 a naturally occurring substance 다음의 that 이하의 절은 앞의 명사구를 수식하는 절이다.

예문 3의 해석

직독직해　수년간의 조사와 비용이 많이 드는 실험 후에 / 독립적인 연구소는 / 전문가들을 가진 / 생명공학 분야의 / 마침내 발견했다 / 자연적으로 발생하는 물질을 / 알약 형태로 입으로 복용할 수 있는

해석　(수년간의 조사와 비용이 많이 드는 실험 후에), (생명공학 분야의) (전문가들을 가진) 독립적인 연구소는 (알약 형태로 입으로 복용할 수 있는) 자연적으로 발생하는 물질을 마침내 발견했다.

1

문장 해석법

심슨구문

shimson syntax

전 + 명/명 of 명

:: 구는 괄호를 치거나 한 덩어리로 묶어 접근한다. 아래 패턴 01과 02는 구문에서 가장 기초가 되는 법칙이다.

패턴 01

전치사 + 명사 = 형용사구 / 부사구[부가 정보]

「전치사 + 명사」는 영어 문장에 자주 등장하지만, 문장의 핵심 정보가 아닌 수식어구이다. 따라서 「전치사 + 명사」가 나오면 괄호를 쳐서 문장 구조가 분명하게 드러나도록 한다.

패턴 02

명사 of 명사 = 명사구
① ~의 ② ~중에 ③ ↻ ④ 동격

「명사 of 명사」는 전체를 묶고 of의 의미를 살려 하나의 명사구로 해석한다.

▶ 해석법

of의 의미	해석 순서	특징
① ~의	명사 1 of 명사 2	빈도 높음
② ~중에		명사 1 = 수
③ ↻ (순서대로)	명사 1 of 명사 2	명사 1 = 단위명사
④ ~라는	명사 1 of 명사 2	동격

🔒 구문분석집 p. 4

[01 - 13] 다음을 해석하세요.

01 → 구문 패턴 확인하기

01   the baby on the sofa

🖉

01

sofa 소파

02

`02`

02 the development of science

development 발전

🖉

03

`01, 02`

03 under the development of science

🖉

04

`02`

04 an important part of the physical environment

physical 물질의, 물리적인
environment 환경

🖉

05

`02`

05 one of the interesting things

interesting 흥미로운

🖉

06

`02`

06 one of the most destructive forms of all the storms

destructive 파괴적인

🖉

07

`01, 02`

07 one of the most common mistakes in reasoning

mistake 실수
reasoning 추론

🖉

08 years of research / lots of students / a kind of sports
hundreds of / millions of students

✎

08
research 연구

01, 02

09 millions of students from several colleges around Dublin

✎

09
college 대학

01, 02

10 over two million acres of land in the country

✎

10
acre 에이커(토지 면적 단위)

01, 02

11 the availability of oxygen in many parts of the sea

✎

11
availability 이용도
oxygen 산소

01, 02

12 the poor performance of American students on various international
tests

✎

12
performance 수행, 성취
various 다양한
international 국제적인

01, 02

13 one of the fundamental rights of every human being without
distinction of race

✎

13
fundamental 기초의, 기본의
distinction 구분, 구별, 차이

UNIT 02

A, (B,) and C/형 + 명

:: 하나의 단위나 명사구로 취급하여 한 덩어리로 묶을 수 있는 패턴이 있다. 아래 패턴 03과 04 또한 구문에서 가장 기초가 되는 법칙이다.

패턴 03

A, (B,) and/or C = 하나의 단위(구)

여러 단어가 나열되는 경우 「A and[or] B」 또는 「A, B, and[or] C」의 형태가 쓰이는데, 이때 나열되는 부분 전체를 묶어 하나의 덩어리로 해석한다.

> 「A, B, and[or] C」의 종류

종류	역할
① 명사, 명사, and[or] 명사	명사구
② 형용사, 형용사, and[or] 형용사	형용사구

cf 전치사+명사구 ➡ 부사구(동사, 형용사, 다른 부사, 문장 전체를 수식)

패턴 04

형용사 + 명사 / 명사 + 형용사 = 명사구
명사 + to RV/RVing/p.p./관계사절 = 명사구

명사의 앞이나 뒤에 있는 형용사는 명사를 수식하는 품사이다. 따라서 형용사와 명사가 붙어서 나오면 전체를 묶어서 하나의 명사구로 해석한다.

> 「형용사 + 명사」 or 「명사 + 형용사」의 구체적 형태

종류	역할
① 형용사 + 명사	관사 (+ 부사) + 형용사 + 명사
② 명사 + 형용사	명사 + 형용사구(to RV / RVing / p.p. / 전치사+명사구) 명사 + 형용사절 (관계사절)

🔒 구문분석집 p. 6

[01 - 15] **다음을 해석하세요.**

`04`

01   a very beautiful girl

✏️

01

beautiful 아름다운

04

02 with a very beautiful girl

✎

03, 04

03 the powers of imagination and inner visualization

✎

03
imagination 상상(력)
inner 내부의
visualization 심상

03

04 books, movies, software, and pictures

✎

04
software 소프트웨어

03, 04

05 the creator or author of books, movies, software, and pictures

✎

05
creator 창작자

03, 04

06 the earliest and most effective machines available to humans

✎

06
effective 효과적인
machine 기계
available 이용할 수 있는

03, 04

07 one of the most famous yet mysterious celebrities of recent times

✎

07
mysterious 신비한
celebrity 유명인
recent 최근의

`03, 04`

08   15 years of research on U.S. employment and the minimum wage

08
employment 고용
minimum 최소
wage 임금

`04`

09   his absolutely outstanding performance in an exceptionally difficult condition

09
absolutely 절대적으로
outstanding 현저한
exceptionally 유난히, 특별히

`03, 04`

10   the important value of life such as honesty, good manners, team work, and cooperation

10
value 가치
such as ~와 같은
honesty 정직
manner 태도
cooperation 협동

`03, 04`

11   three rows of benches on each side of the stage and six rows in front of the principal

11
row 줄, 열
principal 교장

`03, 04`

12   the development of new types of products and services and new forms and methods of distribution

12
product 생산품, 제품
method 방법
distribution 분배, 배분

13 I bought a very expensive car.

✏️

14 I bought a very expensive car from the car-dealer's shop 5 years ago.

✏️

15 I bought a very expensive car with leather seats, a comfortable house, and costly gems.

✏️

13
expensive 비싼

14
car-dealer 자동차 판매업자

15
leather 가죽
comfortable 편안한
costly 값이 비싼
gem 보석

UNIT 03 준동사는 하나의 구

:: 준동사는 묶어서 하나의 단위로 해석한다. 즉, to RV / RVing / p.p. 형태 모두 한 덩어리로 묶어 접근하면 해석이 쉬워진다.

패턴 05

to RV (부정사)
① to RV하는 것 ② to RV하는/to RV할 ③ RV하기 위해

cf RV = Root Verb(동사원형)

패턴 06

RVing
① RV하는 것(동명사) ② RV하는(현재분사) ③ 분사구문

패턴 07

p.p.
① p.p.되어진(분사) ② 분사구문

cf p.p. = past participle: 과거분사

🔒 구문분석집 p. 8

[01 - 08] 다음을 해석하세요.

`05`

01 to read important materials in either quiet or noisy rooms

01
material 자료
quiet 조용한
noisy 시끄러운

`05`

02 the best way to get data from healthy male volunteers

02
data 데이터
healthy 건강한
male 남성의
volunteer 지원자

05

03 the necessity to make a good first impression

✎

03
necessity 필요(성)
impression 인상

06

04 examining scientific research on climate change

✎

04
examine 시험하다
scientific 과학적인
climate 기후

06

05 the excitement of leaving for a foreign country

✎

05
excitement 흥분
foreign 외국의

06

06 the books containing valuable insights on leadership

✎

06
contain 담고 있다
valuable 귀중한
insight 통찰(력)

05, 06

07 Trying to communicate in another person's language is essential to building strong relationships across diverse cultures and backgrounds.

✎

07
communicate 의사소통하다
essential 필수의
relationship 관계
diverse 다양한

05

08 The failure to communicate our feelings effectively can lead to misunderstanding and strain in relationships with others.

✎

08
failure 실패
effectively 효과적으로
lead to ~으로 이어지다
misunderstanding 오해
strain 긴장

UNIT 04 동사란?

:: 구문이 복잡한 경우 먼저 전치사구를 괄호 처리하여 없는 셈하고, 그 문장의 동사를 잡으면 분석이 좀 더 쉬워 진다. 동사는 주어의 수, 시제, 태 등에 따라 다양한 형태로 쓰이기 때문에 동사의 대표적인 형태와 뜻을 알면 도움이 된다.

패턴 08

be동사 + RVing ① RV하는 중이다 ② RV하는 것이다

▶ 진행 시제

진행시제	형태	의미	설명
현재진행	am / are / is + RVing	~하는 중이다	현재에 진행 중인 동작
과거진행	was / were + RVing	~하는 중이었다	과거의 어느 특정 시점에 진행 중인 동작

cf be 동사 + RVing(동명사): RV하는 것이다

패턴 09

be동사 + p.p. ~되어지다/~당하다

▶ 기본 시제

시제	형태	의미
현재 수동	is / are p.p.	~되어지다
과거 수동	was / were p.p.	~되어졌다
미래 수동	will be p.p.	~하게 될 것이다

패턴 10

have/has + p.p. ~해왔다

▶ 현재완료 시제의 용법

용법	의미	설명
계속	① (지금까지) ~해 왔다	과거부터 지금까지 지속되는 동작 · 상태
경험	② ~한 적이 있다	과거부터 지금까지 어떤 경험이 있음/없음을 언급
결과	③ ~했다 (그래서 지금 …하다)	과거의 동작이 지금의 상태에 영향을 끼침
완료	④ 막 ~ 했다	과거의 동작이나 일이 현재 또는 최근에 완료

had + p.p. ~해 왔었다

과거완료시제의 구분

의미	설명
① ~해 왔었다	과거 시점 이전의 대과거에서 과거까지 지속된 동작·상태
② ~했다	과거의 어느 특정 시점 이전의 대과거에서 완료된 동작

패턴 12

조동사 + RV

대표 조동사의 종류

조동사	의미	조동사 + not	의미
must	반드시	must not	반드시 ~ 아니다, ~해서는 안 된다
should	당연히	should not	당연히 ~ 아니다
may	아마 ~일지도 모른다	may not	아마 ~가 아닐지도 모른다
can	~할 수 있다	cannot	~할 수 없다, ~일 리가 없다, ~일 수가 없다

패턴 13

조동사 + have + p.p. : 과거 의미

대표 「조동사 + have + p.p.」

조동사	의미
must have p.p.	(반드시) ~했음이 틀림없다
should have p.p.	(당연히) ~해야 했는데 (하지 않았다)
may[might] have p.p.	(아마) ~했을지도 모른다
cannot have p.p.	~했을 리가 없다

패턴 14

V + to RV   to RV하기를 V하다

타동사 + to RV

구분	종류	의미
타동사 + to RV	want to RV	to RV하기를 원하다
	continue to RV	to RV하는 것을 계속하다
	decide to RV	to RV하는 것을 결심하다
	choose to RV	to RV하는 것을 선택하다

cf 자동사 + to RV

구분	종류	의미
자동사 + to RV	appear to RV/seem to RV	to RV인 것 같다 (~처럼 보인다)
	prove to RV/turn out to RV	to RV로 판명되다
	come to RV/get to RV	to RV하게 되다
	happen to RV	우연히 to RV하다

패턴 15

각종 동사구

result in, turn on, take care of 등

▶ 대표 동사구

구분	의미
result in	~을 낳다 / 야기하다
result from	~에서 기인하다
turn on	~을 켜다 / 틀다
turn off	~을 끄다 / 잠그다
take care of	~을 돌보다

🔒 구문분석집 p. 10

[01 - 18] 다음을 해석하세요.

08

01 Today many Native Americans are fighting their problems.

01
Native Americans 아메리카 원주민
fight 싸우다

09

02 On the other hand, the water for the fields is taken from a number of small ponds or streams.

02
on the other hand 반면에
pond 못
stream 시내, 개울

10

03 The TV programs have not affected all of us in an identical way.

03
affect ~에 영향을 주다
identical 동일한

09, 10

04 Under the development of science, the lifespan of human has been lengthened.

09, 10

05 Over the years, various systems of grading coins have been developed by antique coin specialists.

09, 12

06 Elements of culture can be divided into two categories.

9, 11

07 Peter had never been on a blind date before, so he was very nervous when he first dated Jane.

09, 12

08 The cities themselves cannot be developed without the prior development of the rural areas.

04
lifespan 수명
lengthen 늘이다

05
grade 등급을 매기다
coin 동전
antique 골동품의
specialist 전문가

06
element 요소
culture 문화
divide 나누다
category 범주, 카테고리

07
blind date 소개팅

08
prior 앞선
rural 시골의, 지방의

09 ▢13

During her lifetime, she may really have felt like a nobody, for few people knew her outside of her small hometown.

✎

09

lifetime 일생, 생애
hometown 고향

10 ▢13

Mike's on a business trip, so he can't have been at the meeting.

✎

10

business trip 출장

11 ▢13

You cannot have felt the earthquake, for it was so slight.

✎

11

earthquake 지진
slight 약간의

12 ▢13

The accident must have taken place on the crosswalk.

✎

12

accident 사고
crosswalk 횡단보도

13 ▢13

Kelly should have taken the medicine after her meal, not before.

✎

13

medicine 약
meal 식사

14 The radio, the movie, and the airplane should have taught us that technology may be beneficent but may also serve evil purpose.

✎

14
technology 기술
beneficent 유익한
serve 이바지하다, 도움이 되다
evil 나쁜, 사악한
purpose 목적

15 Agriculture will continue to develop in three main ways.

✎

15
agriculture 농업
continue 계속하다, 지속하다

16 You might first want to read something about how the engine operates.

✎

16
engine 엔진
operate 작동하다, 움직이다

17 By the year 2030, the area of the earth's forests is expected to diminish by a fifth.

✎

17
area 지역
forest 숲
expect 예정되어 있다
diminish 감소하다

18 The appreciation of art results in a happier feeling and deeper understanding of other people and the world.

✎

18
appreciation 감상, 평가
result in (결과적으로) ~을 낳다[야기하다]

UNIT 05 동사를 잡는 법

∷ 해석이 복잡하면, 전명구를 괄호치고 동사를 미리 잡으면 구문이 잘 보인다. 동사 앞에 항상 주어라는 명사가 나오고, 동사 뒤에 어떤 명사나 형용사가 나오느냐에 따라 문장은 다섯 가지 형식으로 나눠진다. 이 다섯 가지 문장 형식이 해석의 기본이 된다.

패턴 16

S + V S가 V하다

1형식 동사[완전 자동사]가 보어나 목적어 없이 문장을 완성한다.

cf 「S + V + 부사(구)」 → 1형식 문장에서 동사 다음에 부사(구), 특히 전명구가 오는 경우, 중요 정보일 가능성이 높으므로 해석에 유의한다.

패턴 17

S + V + SC S는 SC이다

2형식 동사[불완전 자동사]가 문장을 완성하려면 (주격) 보어가 반드시 필요하다. 주격 보어에는 명사 보어와 형용사 보어가 있으며, 명사 보어는 주어와 동격 관계를 나타내며, 형용사 보어는 주어의 상태를 설명한다.

명사 보어: S = SC (동격)
형용사 보어: S ← SC (설명)

cf SC = Subject Complement(주격 보어)

패턴 18

S + V + O S는 O를 V하다

3형식 타동사는 주어의 행동에 영향을 받는 대상인 목적어가 있는 경우에 쓰인다. 목적어는 동사가 나타내는 동작이나 상태의 대상이 되는 말로, 보통 '~을/를'을 붙여 해석한다.

주의 다만, '~을/를'로 해석되는 모든 동사가 타동사인 것은 아니다! '자동사 같은 타동사', '타동사 같은 자동사'에 유의하며 따로 학습해 두어야 한다. (참고: <2025 심슨 문법> p. 19 p. 28)

패턴 19

S + V + IO + DO S는 IO에게 DO를 V하다

4형식 동사 다음에는 간접목적어(사람)와 직접목적어(사물)가 순서대로 나온다.

cf IO = Indirect Object(간접목적어)
DO = Direct Object(직접목적어)

S + V + O + OC S는 O가 OC하도록/하는 것을 V하다

5형식 동사는 목적어 다음에 목적어에 대해 설명하는 목적격 보어를 취한다.

O + OC = (의미상) S + V

cf OC = Object Complement(목적격 보어)

🔒 구문분석집 p. 13

[01 - 26] 다음을 해석하세요.

16
01 Last year, more than half of the box-office revenues of Japan's movie industry came from animations.

✏️

01
half 반, 절반
revenue 수익, 이익
industry 산업
animation 애니메이션

17
02 One of the most remarkable things about the human mind is our ability to imagine the future.

✏️

02
remarkable 주목할 만한
ability 능력
imagine 상상하다

17
03 One of the advantages of technology is its ability to facilitate communication and connect people from around the world.

✏️

03
advantage 유리, 이익
facilitate 촉진하다, 쉽게 하다
connect 연결하다

18
04 Indeed, the amount of information available to children is quickening the beginning of adulthood.

✏️

04
indeed 실로, 참으로
amount 양
information 정보
available 이용할 수 있는
quicken 빠르게 하다
adulthood 성인

05

16

Hundreds of statues of Greek and Roman gods such as Apollo, Jupiter, and Neptune stood in the gardens.

✎

05
statue 조각상
god 신
garden 정원

06

17

The reason for the ubiquitous production of light by the microorganisms of the sea remains obscure.

✎

06
reason 이유
ubiquitous 곳곳에 있는
production 생산
light 빛, 광선
microorganism 미생물
remain 남아 있다
obscure 분명치 않은

07

16

The outstanding achievements of African-Americans have been stolen or overlooked, despite their great significance.

✎

07
achievement 성취, 달성
steal 훔치다, 몰래 빼앗다
overlook 못 보고 넘어가다
despite ~에도 불구하고
significance 의미

08

16

The rates of gun homicide and other gun crimes in the United States have dropped since highs in the early 1990's.

✎

08
rate 비율
homicide 살인
crime 범죄
drop 떨어지다

09

20

Many people consider her the most influential social science researcher of the twentieth century.

✎

09
consider ~으로 생각하다
influential 영향을 미치는

10

20

10 A number of gun advocates consider ownership a birthright and an essential part of the nation's heritage.

✎

11

16

11 By some estimates, deforestation has resulted in the loss of as much as eighty percent of the natural forests of the world.

✎

12

18

12 Coffee with bitter and slightly acidic flavor has a stimulating effect on humans, primarily due to its caffeine content.

✎

13

18

13 Some Australian aborigines can keep changing their name throughout their life as the result of some important experience.

✎

14

18

14 Would we, however, prefer to fill the developing minds of our children with hundreds of geometry problems or the names of all the rivers in the world?

✎

10
a number of 많은
advocate 옹호하다, 변호하다
ownership 소유권
birthright 생득권
essential 근본적인, 필수의
heritage 유산

11
estimate 평가, 견적
deforestation 삼림 벌채
result in (그 결과) ~되다
loss 손실, 손해

12
bitter 쓴
slightly 약간, 조금
acidic 매우 신, 산성의
stimulating 자극적인
effect 효과
primarily 원래, 주로
due to ~ 때문에
caffeine 카페인
content 함유(량), 내용물

13
aborigine 원주민
throughout ~을 통하여
experience 경험

14
prefer ~을 좋아하다
fill 채우다
develop 발전하다
mind 마음, 정신
geometry 기하학

15 Facilities in the rural areas, such as transport, health, and education services, should be improved to foster a more positive attitude to rural life.

16 Rapid progress in global free trade under the World Trade Organization virtually removes national boundaries in the flow of money and commodities.

17 The flexible mind of the men in both countries makes the difference between the position of women in Korea and that of women in the United States.

18 The most widely adopted conceptualization of burnout has been developed by Maslach and her colleagues in their studies of human service workers.

15

facility 시설, 설비
transport 수송, 운송
education 교육
foster 육성하다, 촉진하다
positive 긍정적인
attitude 태도

16

rapid 빠른
progress 진보, 발달
global 지구의, 전 세계의
trade 무역
World Trade Organization
세계무역기구(WTO)
virtually 사실상
remove 제거하다
boundary 경계(선)
flow 흐름
commodity 상품, 일용품

17

flexible 유연한, 융통성이 있는
difference 차이
position 위치, 입장

18

widely 널리
adopt 채택하다
conceptualization 개념화
burnout (심신의) 소모
colleague 동료

19 Institutions such as Indiana University Bloomington offer automatic awards to high-performing students with good GPAs and class ranks.

institution 기관
offer 제공하다
automatic 자동적으로 따라오는, 자동의
award 상, 상금
high-performing 성취도가 높은
GPA(grade point average) 평점
rank 순위, 등급

20 Some companies offered all students online teaching alternatives instead of classroom teaching due to the risk of infection of the coronavirus.

company 회사
alternative 대안
instead of ~ 대신
risk 위험성
infection 감염, 전염
coronavirus 코로나바이러스

21 A hamburger and French fries became the typical American meal in the 1950s, thanks to the promotional efforts of the fast food chains.

typical 전형적인, 대표적인
thanks to ~ 덕분에, 때문에
promotional 홍보의
effort 노력, 수고
chain 가맹점

22 However, elevated levels and/or long-term exposure to air pollution can lead to more serious symptoms and conditions affecting human health.

elevate 올리다, 높이다
level 수준
long-term 장기의
exposure 노출
pollution 오염, 공해
serious 심각한
symptom 증상
condition 상태
affect ~에게 영향을 주다

23 `17`

The decline in the number of domestic adoptions in developed countries is mainly the result of a falling supply of domestically adoptable children.

✎

23
decline 쇠퇴, 감소
domestic 국내의
adoption 입양
developed country 선진국
mainly 주로
falling 하락하는, 떨어지는
supply 공급
domestically 국내에서
adoptable 양자로 삼을 수 있는

24 `17`

The pleasures of contact with the natural world are available to anyone who will place himself under the influence of a lonely mountain top or the stillness of a forest.

✎

24
pleasure 기쁨, 즐거움
contact 접촉
influence 영향(력)
lonely 외로운
stillness 고요

25 `18`

Workers in manufacturing jobs are likely to suffer serious health problems as a result of the noise, or the stress of being paced by mechanical requirements of the assembly line.

✎

25
manufacturing 제조업의
be likely to ~할 것 같다
suffer 경험하다, 겪다
noise 소음
pace 속도를 조정하다
mechanical 기계의
requirement 필요조건
assembly line 조립 라인

26 `18`

We need to spend less time teaching children what to learn, and more time teaching children how to learn.

✎

26
spend (돈·노력·시간 등을) 쓰다, 들이다

CIPARST 동사

:: 대표 4형식 동사인 CIPARST 동사가 나올 경우 4형식의 문장 구조를 머릿속으로 떠올리면 해석이 쉬워진다.

패턴 21

CIPARST 동사 + O + that절 / what절 / if[whether]절 / to RV

Convince	확신시켜 주다	O에게	~을
Inform	알리다		
Promise	약속하다		
Ask	묻다		
Remind	상기시키다		
Show	보여주다		
Tell	말하다		
Teach	가르쳐 주다		

CIPARST동사는 명사구나 명사절을 직접목적어로 취하는 4형식 동사로 쓰인다.

주의 · 「convince, ask, tell, teach + O + to RV」의 경우 5형식으로 보는 것이 정확한 분석이나, 학습의 편의를 위해 묶어 서 설명한다.
· ask는 4형식으로 쓰인 경우 that절을 직접목적어로 취할 수 없고, inform은 to 부정사를 직접목적어로 취할 수 없다.

🔒 구문분석집 p. 19

[01 - 11] 다음을 해석하세요.

`21`

01 The movie convinced me that I had still loved him.

✎

01
convince ~에게 깨닫게 하다
still 여전히

`21`

02 The doctor informed her that her baby had a special disease.

✎

02
inform ~에게 알리다
disease 질병

21

03 I promise you that the same quality of service will be maintained irrespective of external factors.

03
promise 약속하다
quality 질, 품질
maintain 지속하다, 유지하다
irrespective 관계없는
external 외부의
factor 요인, 요소

21

04 The boss asked me if the project could be completed by next week's deadline.

04
boss 상관, 상사
project 계획, 과제
complete 완성하다, 달성하다
deadline 마감 (기한)

21

05 The teacher told the students what they needed to study for the upcoming exam.

05
upcoming 다가오는
exam 시험

21

06 The presentation showed investors when the market conditions would be most favorable.

06
presentation 발표
investor 투자자
favorable 유리한, 형편이 좋은

21

07 The teacher showed the students when to apply the grammar rules in writing essays.

07
apply 적용하다
grammar 문법
rule 규칙
essay 과제물, 짧은 글

08

08

The accident in 1986 at Chernobyl reminded the world that it is very important to use nuclear power responsibly.

🖉

08
accident 사고, 사건
remind ~에게 깨닫게 하다
important 중요한
nuclear power 원자력
responsibly 책임감 있게

09

Governments should continuously remind themselves that medium-term recovery efforts can stop droughts from turning into famines.

🖉

09
government 정부
continuously 잇달아, 연속으로
medium-term 중단기적인
recovery 회복, 복구
drought 가뭄
turn into ~으로 변하다
famine 기근, 식량 부족

10

The professor showed the class, through practical examples and case studies, how economic theories apply in real-world scenarios.

🖉

10
professor 교수
practical 실제의, 실용적인
example 예, 보기
case study 사례
economic 경제의
theory 이론
real-world 현실에 존재하는
scenario 시나리오, 각본

11

After a progressive program to teach the kids to wash their hands properly several times during the day, their understanding of the importance of hand-washing has increased.

🖉

11
progressive 점진적인
properly 적당하게, 알맞게
understanding 이해
importance 중요
increase 증가하다

UNIT 07 지각동사/사역동사/준사역동사

:: 목적격 보어 형태 차이에 주의해야 할 5형식 동사를 지각동사/사역동사/준사역동사를 구분하여 암기하면 구문 접근이 쉬워진다.

패턴 22

지각동사		+ O + OC (RV / RVing / p.p.)
see, watch, observe	보다	O가 OC하도록 / 하는 것을
hear, listen to	듣다	
notice	알아채다	
feel	느끼다	

지각동사는 목적어와 목적격 보어의 관계가 능동일 때는 원형부정사 혹은 현재분사를, 수동일 때는 과거분사를 목적격 보어로 취한다.

패턴 23

사역동사		+ O + OC (RV / p.p.)
let	시키다·허락하다	O가 OC하도록 / 하는 것을
have	시키다·요청하다	
make	시키다·강요하다	

사역동사는 목적어와 목적격 보어의 관계가 능동일 때는 원형부정사를, 수동일 때는 과거분사를 목적격 보어로 취한다.
주의 사역동사 let은 목적어와 목적격 보어의 관계가 수동일 때 목적격 보어로 반드시 be p.p.를 써야 한다.

패턴 24

준사역동사	help + O + OC ((to) RV)
	돕다 O가 (to) RV하는 것을
	get + O + OC (to RV / p.p.)
	시키다 O가 to RV하도록 / p.p.되도록

사역동사와 유사한 의미를 갖지만, 사역동사와 달리 목적격 보어로 to 부정사를 사용하는 help와 get을 준사역동사라고 한다.

🔒 구문분석집 p. 21

[01 - 15] 다음을 해석하세요.

`22`

01 I watched a man on the Metro try to get off the train and fail.

✏️

01
get off (차에서) 내리다
fail 실패하다

22
02 He heard the news anchor report the latest updates on the situation.

02
anchor (뉴스) 사회자, 진행자
update 업데이트, 최신 정보
situation 상황

22
03 He saw the old bridge rebuilt with sturdy materials by the construction workers.

🖉

03
rebuild 재건하다
sturdy 튼튼한, 억센
material 재료, 자재
construction 건설

23
04 The teacher made her students finish their homework before leaving the classroom.

🖉

04
homework 숙제
classroom 교실

23
05 The school had its playground renovated for the students' safety.

🖉

05
playground 운동장
renovate 개선하다
safety 안전

23
06 I can't make myself understood in English.
cf His explanation made me understand what he had said before.

🖉

06
understand 이해하다
explanation 설명

`24`

07 He helped me move all the furniture into my new apartment.

✏️ .

07
furniture 가구

`24`

08 I need to get my project finished by the end of this week.

✏️

08
finish 끝내다, 마치다
week 주

`24`

09 Many people got us to participate in the community cleanup event
last Saturday morning.

✏️

09
participate in ~에 참가하다
community 지역사회
cleanup 대청소
event 행사

`24`

10 Reading stories and poetry, for instance, can help us understand
and improve our own situations.

✏️

10
poetry 시
for instance 예를 들어
improve 개선하다
situation 상황, 사정

`23`

11 Even if the efforts to make the world around you change do not
come true, don't be frustrated.

✏️

11
come true 실현되다
frustrated 실망한, 좌절된

12 Many coaches have often seen highly talented young athletes fail in their performances due to a lack of mental abilities.

✏️

12
highly 대단히
talented 재능 있는
athlete 운동선수
fail 실패하다
performance 성취, 수행
lack 부족, 결핍
mental 정신의, 심적인

13 People should not hesitate to contact the police if they've noticed anyone acting suspiciously.

✏️

13
hesitate 주저하다, 망설이다
contact 연락하다
notice ~을 인지하다
suspiciously 의심스럽게

14 In a survey published earlier this year, seven out of ten parents said that they would never let their children play with toy guns.

✏️

14
survey 설문조사
publish 발표하다
toy gun 장난감 총

15 Tory Higgins and his colleagues had university students read a personality description of someone and then summarize it for someone else who was believed either to like or to dislike this person.

✏️

15
personality 개성, 성격
description 기술, 묘사
summarize 요약하다
dislike 싫어하다

COREAFP 동사

:: 대표 5형식 동사인 COREAFP 동사가 나올 경우 5형식의 문장 구조를 떠올리자.

패턴 25

COREAFP 동사 + O + to RV

Cause	야기하다	O가	~하도록
Compel	강요하다		
Order	명령하다		
Require	요구하다		
Enable	~할 수 있게 하다		
Expect	예상하다		
Encourage	격려하다		
Ask	요청[요구]하다		
Allow	허가하다		
Advise	조언하다		
Force	강요하다		
Permit	허락하다		
Persuade	설득하다		

COREAFP 동사는 목적격 보어로 to 부정사를 취한다.

🔒 구문분석집 p. 24

[01 - 12] 다음을 해석하세요.

25

01 The poor harvest caused prices to rise sharply.

✏️

01

harvest 수확(량)
rise 오르다, 상승하다
sharply 급격하게

25

02 All assignments are expected to be turned in on time.

✏️

02

assignment 과제
turn in 제출하다
on time 제때에

03

Rainy season forced the travelers to spend most of the vacation indoors.

✎

03
rainy season 장마철
indoors 실내에서

04

Unexpectedly poor sales have forced the company to postpone planned wage increases indefinitely.

✎

04
unexpectedly 예상외로, 갑자기
postpone 연기하다, 미루다
planned 계획된, 예정된
wage 임금
indefinitely 무기한으로

05

Team members are being asked to postpone any vacations until the entire project has been completed.

✎

05
entire 전체의, 전부의
complete 완료하다

06

A vacation policy allowing employees to take unlimited time off sounds unreasonable for any company.

✎

06
policy 정책, 방침
employee 직원
take time off 휴가를 내다
unlimited 한없는
unreasonable 비합리적인

07

To encourage people to stay in rural areas, the government should provide more comfortable facilities such as health and education services.

✎

07
stay 머무르다, 남다
provide 주다, 공급하다

08 All airlines in Brazil currently permit all passengers to check in two pieces of baggage on international flights to and from the country.

08
airline 항공사
currently 현재
permit 허가하다
passenger 승객
check in 투숙하다, 짐을 부치다
baggage 수화물
international 국제적인
flight 항공편

09 The uncertain economic condition of recent years has caused union and management representatives to explore many ways of handling labor problems.

09
uncertain 불확실한
economic 경제의
recent 최근의
union and management 노사
representative 대표자, 대리인
explore 탐구하다, 조사하다
handle 취급하다, 처리하다
labor 노동, 근로

10 An increased awareness of the effects of plastic bags has caused many states and countries to implement plastic bag-related legislation.

10
awareness 인식, 지각
effect 효과, 영향
plastic bag 비닐봉지
implement 이행[실행]하다
legislation 법률, 법령

11 This telecom company has been a global pioneer of mobile phone banking, enabling people to transfer money with a minimum of fuss.

11
telecom(=telecommunication)
원거리 통신
pioneer 개척자
enable 가능하게 하다
transfer 이동하다
minimum 최소, 최저
fuss 소란, 야단, 불편

12 Small farmers have actually been compelled to switch to organic production because they cannot afford chemical fertilizers.

12
switch 바꾸다, 전환하다
organic 유기의
afford ~의 여유가 있다
chemical fertilizer 화학비료

분리·박탈/인지/제공/금지·억제 동사

:: 분리·박탈/인지/제공 동사는 형식적으로는 3형식의 구조를 갖지만, 해석은 4형식처럼 하는 동사들이다. 금지·
억제 동사는 이와는 다르게 3형식의 구조이지만, 해석은 5형식처럼 해야 함에 유의한다.

패턴 26

분리·박탈 동사		+ A(사람) + òf + B
		A에게서 B를
rob	빼앗다	
deprive	빼앗다	
clear	치우다	
relieve	덜어 주다	
cure	없애다/치료하다	
strip	빼앗다/벗기다	

분리·박탈 동사는 목적어 뒤에 전치사 of를 취한다.

패턴 27

인지 동사		+ A(사람) + of + B
		A에게 B를
convince	확신시키다	
inform	알리다	
remind	상기시키다	
assure	보증하다	
warn	경고하다	
notify	통보하다	

인지 동사는 목적어 뒤에 전치사 of를 취한다. 참고로, of B 대신에 to RV나 that절을 쓰기도 한다.

패턴 28

제공 동사		+ A(사람) + with + B
		A에게 B를
provide	제공하다	
supply	공급하다	
furnish	제공하다	
present	주다, 증정하다	
endow	부여하다	
load	싣다, 적재하다	
equip	갖추게 하다	

제공 동사는 목적어 뒤에 전치사 with를 취한다.

cf charge A with B: ① (제공 동사) A에게 B를 맡기다 ② A를 B의 이유로 기소하다[비난하다]

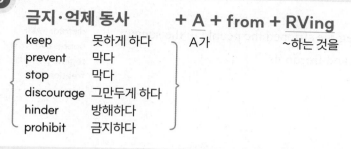

패턴 29

금지·억제 동사		**+ A + from + RVing**
keep	못하게 하다	A가
prevent	막다	~하는 것을
stop	막다	
discourage	그만두게 하다	
hinder	방해하다	
prohibit	금지하다	

금지·억제 동사는 목적어 뒤 전치사에 유의하여 5형식처럼 해석해야 한다.

🔒 구문분석집 p. 26

[01 - 12] 다음을 해석하세요.

01

`26`

Adults have deprived a lot of children of a normal home life.

✏️

01
adult 성인, 어른
normal 정상의, 보통의

02

`26`

Because society has deprived women of many equal rights, feminists have fought for equality.

✏️

02
society 사회
equal 같은, 동등한
right 권리
feminist 페미니스트
equality 평등

03

`26`

The cyber-attack stripped the company of sensitive data and confidential information.

✏️

03
cyber-attack 사이버 공격
sensitive 민감한
confidential 기밀의
information 정보

26

04 The dictator's oppressive regime stripped the people in the society of their basic human rights and freedoms.

🖉

04
dictator 독재자
oppressive 억압적인
regime 정권, 체제
freedom 자유

28

05 The lecture provided him with an opportunity to meet one of his heroes.

🖉

05
lecture 강의, 강연
opportunity 기회
hero 영웅, 위인

28

06 The Korean government presented coach Guus Hiddink with honorary citizenship and a passport.

🖉

06
honorary 명예의
citizenship 시민권
passport 여권

28

07 An informer supplied the police with the names of those involved in the crime.

🖉

07
informer 정보원
police 경찰
involve 관련[연루]시키다
crime (범)죄

29

08 The teacher kept the students from talking during the exam to maintain a quiet testing environment.

🖉

08
maintain 지속하다, 유지하다
quiet 조용한, 고요한
testing 시험
environment 환경

09

`29`

09 The company policy prohibits employees from accessing certain websites during work hours.

🖋

access 접속하다, 접근하다
certain 특정한

10

`29`

10 Ignorance and superstition about law and legal process prevent some members from benefiting from a modern civil system of justice.

🖋

ignorance 무지
superstition 미신
law 법률, 법
legal 법률의
process 절차, 과정
benefit (~에서) 득을 보다
modern 현대의
civil 민사의, 시민의
system of justice 사법제도

11

`27`

11 The smell of freshly baked cakes always reminds me of my grandmother's kitchen.

🖋

freshly 새로이
bake (빵 등을) 굽다

12

`27`

12 Another effective way to track and notify customers of their e-commerce orders is to use email and SMS notifications.

🖋

effective 효과적인
track 추적하다
customer 손님
e-commerce 전자 상거래
notification 알림, 통지

심슨구문
shimson syntax

UNIT 10 관계대명사

:: 관계대명사는 크게 두 가지 방법으로 해석할 수 있다. 첫 번째는 우리가 학교에서 배운 대로 관계대명사절이 앞의 명사를 수식하는 형태로 해석한다. 두 번째는 관계대명사를 '그런데 그 명사'라는 뜻을 가진 하나의 대명사라고 해석하는 방법이 있다.

패턴 30

명사 + who(m) / which / that / whose + 명사 + (S) + V
① ~하는 ② 그런데 그 명사

① ~하는: 관계대명사절이 앞의 명사를 수식하는 구조로 관계대명사를 '~하는'으로 해석한다.
② 그런데 그 명사: who(m)/which/that/ whose 앞에 명사가 있으면 관계대명사로, 해석은 '그런데 그 명사'로 해석하면 직독직해가 가능해진다.

▶ 관계대명사의 격

선행사	주격	목적격	소유격
사람	who	who, whom	whose
사물 · 동물 (구 · 절)	which	which	whose
사람 · 사물 · 동물	that	that	–

cf what은 선행사를 포함한 관계대명사로 'the thing(s) which(~하는 것)'의 의미로 쓰인다.

패턴 31

명사 + 전치사 + 관계대명사 + S + V
① ~하는 ② 그런데 그 명사(+전치사)

「전치사 + 관계대명사」가 나올 경우 '~하는' 또는 '그런데 그 명사 + 전치사'로 해석한다. 이때 전치사 뒤에 나오는 관계대명사절은 앞 명사를 보충·부연 설명한다.

🔒 구문분석집 p. 30

[01 - 13] 다음을 해석하세요.

`30`

01 One of his major achievements was rebuilding Kyongbok Palace which was burnt down during the Japanese invasion in 1592.

01
major 주요한, 중요한
achievement 업적, 공로
rebuild 재건하다, 다시 짓다
burn down 전소하다
invasion 침입, 침략

02 The company now hears from roughly 10 couples a day who met online and are now planning a wedding.

02

hear from ~로부터 연락을 받다[소식을 듣다]
roughly 대충, 대략
wedding 결혼식

03 The movie, which I watched last weekend, had an unexpected plot twist that kept me on the edge of my seat.

03

unexpected 예기치 못한, 의외의
plot 줄거리, 플롯
twist 예상 밖의 전개, 반전
on the edge of one's seat (영화·이야기 등에) 매료되어

04 To keep out evil spirits, they hang a rope of straw which stands for happiness and good luck, across the front of their houses.

04

keep out 못 들어오게 하다
evil spirit 악령, 악귀
hang 매달다, 걸다
rope 밧줄, 끈
straw 짚
stand for ~을 나타내다, 상징하다

05 There are many organizations whose sole purpose is to help mentally retarded children.

05

organization 기관, 조직
sole 유일한
purpose 목적
mentally retarded 지적장애의

06 From time to time we must look up words whose meanings we do not know.

06

look up 찾아보다
word 단어

07 I approached the tree in which many soldiers had been hanged in the war.

07
approach ~에 가까이 다가가다
soldier 군인
hang 목 매달다
war 전쟁

08 This wind has traveled from the North Pole toward which I am going.

08
travel 이동하다
North Pole 북극

09 I have two favorite hobbies: painting and gardening, both of which allow me to express my creativity and connect with nature in meaningful ways.

09
favorite 좋아하는
hobby 취미
gardening 정원 가꾸기, 원예
express 표현하다
creativity 창의성
connect with ~과 연결하다
meaningful 의미 있는

10 Similarly, corn in Latin America is traditionally ground or soaked with limestone, which makes available a B vitamin in the corn, the absence of which would otherwise lead to a deficiency disease.

10
similarly 비슷하게, 마찬가지로
traditionally 전통적으로
grind 갈다, 빻다
soak 스며들다
limestone 석회석
available 이용할 수 있는
absence 없음, 결핍
otherwise 그렇지 않으면
lead to ~로 이어지다
deficiency disease 결핍증

11 Not knowing what to do, I climbed up to the top of a tall tree, from which I looked around to see if I could discover anything that could give me hope.

11
discover 발견하다
hope 희망

12 30

The concept of this connection between smell and health has created a huge aroma therapy industry, which puts scented oils into everything from shaving cream to candles, from shampoo to lipstick.

12

concept 개념, 생각
connection 연결, 관계
create 창조하다
huge 거대한, 막대한
industry 산업
scented 향기가 나는
oil 기름
shaving cream 면도용 크림
candle 양초

13 30

In fact, the movie business and the athletic world are full of intelligent, educated, and informed men and women who are interested and involved in a wide variety of activities and causes.

13

in fact 실제, 사실은
athletic 운동의, 체육의
intelligent 지적인
educated 교양 있는
informed 견문이 넓은
a wide variety of 매우 다양한
cause 대의명분

UNIT 11 관계부사

:: 관계부사 또한 크게 두 가지 방법으로 해석할 수 있다. 첫 번째는 우리가 학교에서 배운 대로 관계부사절이 앞의 명사를 수식하는 형태로 해석한다. 두 번째는 관계부사를 '그런데 그 명사에서(는)'라는 뜻을 가진 부사라고 해석하는 방법이 있다.

패턴 32

명사 + when / where / why / how + S + V
① ~하는 ② 그런데 그 명사에서(는)

① ~하는: 관계부사절이 앞의 명사를 수식하는 구조로 관계대명사를 '~하는'으로 해석한다.
② 그런데 그 명사에서(는): when/where/why/how 앞에 명사가 있으면 관계부사로, 해석은 '그런데 그 명사'로 해석하면 직독직해가 가능해진다.

▶ 관계부사의 종류

선행사		관계부사
시간	the time 등	when
장소	the place 등	where
이유	the reason	why
방법	the way	how

cf 관계부사 how는 선행사 the way와 함께 사용할 수 없으며, 둘 중 하나는 생략해야 한다.

🔒 구문분석집 p. 33

[01 - 06] 다음을 해석하세요.

32

01 They lived near the shore where there were many shells.

32

02 There are two very short periods each year when climbing is possible.

01
shore 바닷가, 해안
shell 조개

02
period 기간
climbing 등산
possible 가능한, 할 수 있는

03 We managed to find a couple of benches where we thought we could spend the rest of the night.

✎

03
manage to ~하다[해내다]
find 찾아내다, 발견하다
a couple of 두서너 개의
bench 벤치
spend 보내다, 지내다
rest 나머지

04 Clearly, modern societies are facing a major change into a new economic system where human resourcefulness counts far more than natural resources.

✎

04
clearly 확실히
face ~에 직면하다
resourcefulness 자원이 많음
count 중요하다
natural resources 천연자원

05 I still remember the awesome feeling I had on that day in May when my little feet carried me up the stairs into the grandstands at the car racing stadium.

✎

05
remember 기억하다
awesome 엄청난, 멋진
carry 이끌다
stair 계단
grandstand 관람석
stadium 경기장, 스타디움

06 Climate change has narrowed the range where bumblebees are found in North America and Europe in recent decades, according to a recent study, published in the journal *Science*.

✎

06
narrow 좁히다
range 범위, 한계
bumblebee 호박벌
decade 10년(간)
according to ~에 의하면
publish 발표하다

의문사

:: 의문사와 관계사는 생김새가 동일하기 때문에, 의문사[관계사]가 이끄는 절의 구조와 역할로 구별해야 한다. 의문사가 이끄는 간접의문문은 명사절로 사용된다. who / whose / which / what / when / where / why / how 앞에 명사가 안 나오면, 의문사로 사용되었음을 알아 둔다.

패턴 33

$$
\cancel{명사} + \begin{cases} \text{who} & \text{누가·누구} \\ \text{whose+명사} & \text{누구의 명사} \\ \text{which} & \text{어느 것} \\ \text{which+명사} & \text{어느·어떤 명사} \\ \text{what} & \text{무엇} \\ \text{what+명사} & \text{무슨·어떤 명사} \end{cases} + (S) + V
$$

의문사는 관계사와 달리 앞에 선행사가 없고, 명사절을 이끈다. 의문대명사는 '접속사와 명사', 의문형용사는 '접속사와 형용사' 역할을 한다.

▶ **의문사의 종류 1**

종류	구체적 형태			
의문대명사	who 누가	whom 누구를	which 어느 것	what 무엇
의문형용사	whose 누구의		which 어느, 어떤	what 무슨, 어떤

cf 의문형용사 which와 what은 「which/what+명사」의 형태로 사용된다.

패턴 34

$$\cancel{명사} + \text{when / where / why / how / how + 형·부} + S + V$$
언제　　　어디서　　왜　어떻게·~하는 방법　얼마나 형·부하는지

의문부사는 '접속사와 부사' 역할을 한다

▶ **의문사의 종류 2**

종류	구체적 형태			
의문부사	when 언제	where 어디서	why 왜	how 어떻게/얼마나

cf 의문부사 how는 「how(어떻게) + S + V」와 「how(얼마나) + 형용사/부사 + S + V」의 두 가지 형태로 사용된다.
cf 의문사 + to RV: 「의문사 + to 부정사」는 하나의 명사구를 이루며, 의문사의 뜻을 살려 명사처럼 해석한다. (단 「why to RV」는 불가하다.)

- I didn't know **whom to talk** to at the party. 나는 파티에서 누구에게 말을 걸어야 할지 몰랐다.
- **Which book to read** is very important for children. 어떤 책을 읽을 것인지는 아이들에게 매우 중요하다.
- I need to decide **what to wear** for the upcoming interview.
  나는 다가오는 면접을 위해 무엇을 입을지 결정해야 한다.
- Can you show me **how to use** it correctly? 나에게 그것을 올바르게 사용하는 방법을 보여 줄 수 있니?
- Let me tell you **where to put** the key. 열쇠를 어디에 두어야 할지 알려줄게.

🔒 구문분석집 p. 34

[01 - 20] 다음을 해석하세요.

`33`
01 What will the future of transportation look like with the rise of electric vehicles?

01
future 미래
transportation 운송, 수송
rise 증가, 상승
electric vehicle 전기차

`33`
02 What effects does climate change have on global weather patterns and ecosystems?

02
effect 효과, 영향
climate change 기후 변화
global 지구의, 전 세계의
weather 날씨, 기후
ecosystem 생태계

`34`
03 How will artificial intelligence influence the environment?

03
artificial intelligence 인공지능
influence ~에 영향을 미치다

`33`
04 Have you decided which one you're going to buy?

04
decide 결정하다

05 ³³

I want to know who will be appointed the FIFA referees for this year.

✎

05
appoint 임명하다
referee 심판

06 ³³

This match will show who the best player in the world is.

✎

06
match 경기, 시합
show 보여 주다, 제시하다

07 ³³

The man asked her what kind of things she did in her spare time.

✎

07
spare time 여가 시간

08 ³⁴

There are many theories about why the dinosaurs went extinct.

✎

08
theory 이론
dinosaur 공룡
extinct 멸종한

09 ³⁴

Mary wondered where her son lost his wristwatch.

✎

09
wonder 궁금하다
lose 잃어버리다
wristwatch 손목시계

10 ³³

Who we are is reflected in what we won't eat as well as what we will.

✎

10
reflect 반영하다, 나타내다
B as well as A A뿐 아니라 B도 역시

34

11 Nobody could understand where we ever got money enough to keep us with food in our bellies.

11
belly 배, 복부

33

12 It's a good idea to consider what short-term goals we can accomplish.

12
consider 숙고하다, 검토하다
short-term 단기의
goal 목표
accomplish 이루다, 달성하다

34

13 She demonstrated to us how surprisingly effective the new study method was for improving memory retention.

13
demonstrate 증명하다, 입증하다
surprisingly 놀랍게도
effective 효과적인
method 방법
improve 개선하다
memory 기억(력)
retention 보존, 유지

34

14 The scientist explained to the students how she discovered how to extract the compound from the plant.

14
explain 설명하다
discover 발견하다
extract 추출하다
compound 합성물, 화합물
plant 식물

34

15 The teacher taught his students how they should improve their writing skills through incessant practice and feedback.

15
improve 개선하다
skill 기술, 숙련, 솜씨
incessant 끊임없는
practice 연습
feedback 피드백

33

16 What we will do during our trip to the countryside depends on the weather and the interests of the group.

🖉

34

17 How he overcame his fear of public speaking and delivered such a confident presentation impressed everyone in the room.

🖉

33, 34

18 We wanted to know what kinds of girls her sisters were, what her father was like, and how long her mother had been dead.

🖉

33

19 Scientists have researched what conditions are like beyond the Earth's atmosphere, and what effects space travel has on the human body.

🖉

34

20 One way to tell how much sleep you need is to try, for a while, getting to bed in time to wake up without an alarm clock. If you can do it, and if you don't doze off during the day, you've gone to bed at the right time.

🖉

16
countryside 시골
depend on ~에 달려 있다
interest 관심

17
overcome 극복하다, 이겨내다
fear 공포, 두려움
public speaking 연설
deliver (연설·강연 등을) 하다
confident 자신감 있는
presentation 발표
impress 깊은 인상을 주다

18
dead 죽은

19
atmosphere 대기
space travel 우주여행

20
in time 일찍
wake up (잠에서) 깨다
alarm clock 자명종
doze off 졸다

UNIT 13 복합관계사

:: 복합관계대명사는 명사절과 부사절 역할을 하고, 복합관계부사는 부사절의 역할만 한다.

패턴 35

who(m)ever / whichever / whatever + (S) + V
~하는 사람이면 누구든(지 간에) / ~하는 것이면 어느 것이든 / 무엇이든(지 간에)

복합관계대명사의 종류

종류	역할	의미
whoever	명사절	~하는 사람이면 누구든, 누구나 (= anyone who)
	부사절	~하는 사람이면 누구든지 간에 (= no matter who)
whichever / whatever	명사절	~하는 것이면 어느 것이든 / 무엇이든 (= anything that)
	부사절	~하는 것이면 어느 것이든지/무엇이든지 간에 (= no matter which / no matter what)

cf 복합관계형용사 whichever: 어느 쪽의 ~이라도(명사절), 어느 ~이든; 어느 쪽[것]을 ~ 하든(부사절)
복합관계형용사 whatever: (~하는) 무엇이든, 어떤 ~이라도(명사절), 어떤 ~일지라도, 어떤 ~ 이든(부사절)
「관계대명사(who / which / what) + ever」에는 '모든'의 의미가 담겨 있다.

패턴 36

whenever(= no matter when) + S + V
~할 때마다

wherever(= no matter where) + S + V
~하는 곳마다

however(= no matter how) + 형·부 + S + V
아무리 형·부해도

복합관계부사의 종류

종류	역할	의미
whenever	부사절	언제든지 간에 (= no matter when)
wherever		어디든지 간에 (= no matter where)
however		아무리 '형용사 / 부사' 해도 (= no matter how) 「however + 형용사 / 부사 + S + V」의 형태로 사용됨

no matter who / no matter which / no matter what
~하는 사람이면 누구든지 간에 / ~하는 것이면 어느 것이든지 간에 / 무엇이든지 간에

🔒 구문분석집 p. 38

[01 - 10] 다음을 해석하세요.

35

01 Whichever they choose, we must accept their decision.

🖊

01
choose 고르다, 선택하다
accept 수락하다
decision 결심, 결정

35

02 Whoever arrives first will be responsible for unlocking the door and turning on the lights.

🖊

02
arrive 도착하다
be responsible for ~에 책임이 있다
unlock (열쇠로) 열다
turn on 켜다

35

03 Whichever team wins the championship will earn a trophy and recognition for its hard work.

🖊

03
win 이기다
championship 선수권, 우승
earn 얻다, 획득하다
trophy 트로피, 전리품
recognition 인정, 인식, 승인

36

04 However tired you may be, you must do it today.

🖊

36

05 However much money you have, you may not be happy.

🖊

06 ³⁶ Whenever you catch yourself having a fit of worry, stop and change your thoughts.

06

catch 발견하다
fit 욱하는 감정

07 ³⁵ Whatever book you choose from the library has the potential to transport you to different worlds through its captivating storytelling.

07

library 도서관
potential 잠재력; 잠재적인
transport 이동시키다
captivating 매혹적인, 마음을 사로잡는
storytelling 이야기하기

08 ³⁵ He was thought of as the most flattering man in our company, since he accepted whatever his superiors suggested without reflective thinking.

08

flattering 아첨하는
superior 상급자
suggest 제안하다
reflective 숙고하는

09 ³⁶ Your GPS receiver can tell you your exact location and give you directions wherever you need to go, no matter where you are on the planet!

09

receiver 수신기
exact 정확한
location 장소, 위치
direction 방향
the planet 지구

10 ³⁶ No matter how upset you are, keep the feedback job-related and never criticize someone personally because of an inappropriate action.

10

upset 화난, 속상한
job-related 직업[업무]과 관련된
criticize 비평하다, 비난하다
personally 개인적으로
inappropriate 부적절한

절 해석법

문장 중간에 that

:: 문장 중간에 that이 나오는 경우, 앞에 나온 품사에 따라 관계대명사인지, 접속사인지를 구별해야 한다.

패턴 38

동사/형용사 + that + S + V
명사절 접속사: ~것/사실

that 앞에 동사나 형용사가 나오면, that은 명사절을 이끄는 접속사이다. 해석은 '~것, ~사실'로 해석한다.

패턴 39

명사 + that + (S) + V
① 관계대명사: 그런데 그 명사

명사 + that + S + V
② 동격: ~라는

that 앞에 명사가 나오면, that은 형용사절을 이끄는 관계대명사(그런데 그 명사)나 동격(~라는)으로 쓰인다. 특히 that 앞에 idea, belief, thought, news, rumor, fact, possibility, evidence와 같은 단어가 나오면 that 이하는 앞의 명사에 대한 동격의 that일 수 있다.

🔒 구문분석집 p. 40

[01 - 12] 다음을 해석하세요.

38
01 Some people feel that their national soccer team represents their country's honor.

✎

39
02 There are more than a thousand radio stations that play country music 24 hours a day.

✎

01
represent 상징하다, 대표하다
honor 명예

02
radio station 라디오 방송국

39
03 I agree to the idea that good behavior must be reinforced with incentives.

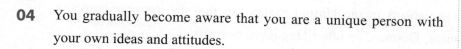

38
04 You gradually become aware that you are a unique person with your own ideas and attitudes.

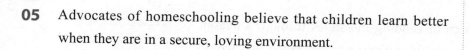

38
05 Advocates of homeschooling believe that children learn better when they are in a secure, loving environment.

39
06 The program that offers free tutoring sessions to underprivileged children has made a significant impact on their academic performance.

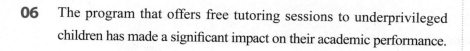

39
07 Researchers have developed a new model that they say will provide better estimates of the North Atlantic right whale population.

03
behavior 행동, 행실
reinforce 강화하다, 보강하다
incentive 인센티브, 격려금

04
gradually 점차, 서서히
aware 깨달은, 알고 있는
unique 독특한, 유일한
attitude 태도, 마음가짐

05
advocate 지지자, 변호사
homeschooling 홈스쿨링
secure 안전한
loving 애정 있는
environment 환경

06
offer 제공하다
free 무료의
tutor 과외를 하다
session 수업
underprivileged 소외계층의
significant 상당한
impact 영향
academic performance 학업 성적

07
researcher 연구자
estimate 추정치, 견적

08 The news that a cure for a rare disease had been discovered brought hope to countless families affected by the illness.

✎

09 Foreign language associations in the United States say that learning Spanish, French, German, or other languages benefits both elementary and secondary school students.

✎

10 In the ancient practice of sending messages through a bearer, people would write secret messages in a substance that would only be revealed on plain paper through the use of a reagent.

✎

11 This means that a human law is a set of rules that are valid only for a certain number of people over a certain period of time.

✎

12 Studies suggest that when a healthy trust is formed from the start of life, it leads one to moral, honest, balanced conduct in relations with others.

✎

08
cure 치료(법)
rare disease 희귀질환, 희소 질병
discover 발견하다
countless 수많은
affect ~을 감염시키다
illness 병

09
foreign language 외국어
association 협회, 연합
benefit 도움이 되다
elementary 초등교육의
secondary 중등교육의

10
ancient 고대의, 옛날의
bearer 전달자
secret 비밀의
substance 물질
reveal 드러내다, 알리다
plain paper 백지
reagent 시약, 반응물

11
law 법
valid 유효한
period 기간

12
healthy 건강한
trust 신뢰, 신용
form 형성하다
moral 도덕적인
balanced 균형이 잡힌
conduct 행동, 행위
relation 관계

문장 중간에 S + V

:: 문장 중간에 「S + V」가 나오면 앞에 that이 생략되었다. 이때 앞에 나오는 품사에 따라 다르게 구별해야 한다.

패턴 40

동사 + (that) + S + V

접속사: ~하는 것/~사실

문장 중간에 나온 「S + V」 앞에 동사가 나오면 명사절을 이끄는 접속사 that이 생략되었다.

패턴 41

명사 + (that) + S + V

① 목적격 관계대명사: 그런데 그 명사
② 동격: ~라는

문장 중간에 나온 「S + V」 앞에 명사가 나오면 ① 목적격 관계대명사 또는 ② 동격의 that이 생략되었다.

🔒 구문분석집 p. 42

[01 - 09] 다음을 해석하세요.

`40`

01 I believed she was still alive.

✏️

01
alive 살아 있는

`41`

02 The scientist well documented the findings she discovered during her research project.

✏️

02
document (상세한 내용을) 기록하다
finding (조사·연구 등의) 결과, 결론
discover 발견하다

`41`

03 The only difference among societies is the way these events are celebrated.

✏️

03
difference 차이점
society 사회
celebrate 기념하다, 축하하다

04

04 I believe natural beauty has a necessary place in the spiritual development of any individual or any society.

✎

beauty 아름다움
necessary 필요한
spiritual 정신의, 정신적인
development 발전, 발달
individual 개인

41

05 Our fascination with science fiction reflected a deep faith technology would lead us to a cyber utopia, with robot servants serving food.

✎

05

fascination 매혹
science fiction 공상 과학 소설
reflect 반영하다
faith 믿음, 신념
utopia 유토피아, 이상국
servant 하인

40

06 Steve's good record at work proved he could handle the job, but his inner voice told him he would fail.

✎

06

record 실적, 기록
prove 증명하다, 입증하다
handle 처리하다, 다루다
inner 내면의, 내부의
fail 실패하다, 실수하다

40

07 An officer of the IMF said the troubled economies would recover from the present economic hardships by the second half of 1999.

✎

07

officer (정부 기관이나 큰 조직체의) 관계자
troubled 어려운, 힘든
economy 경제
recover 회복하다
economic 경제의
hardship 어려움, 곤란

41

08 Do you have a little brother or sister who listens to commercials on television and then tries to get your mother to buy every product he or she has seen advertised?

✎

08

commercial 광고
advertise 광고하다

40

09 The study showed the ability of students to retain knowledge about words improved after one night's sleep even if the students lost some of that knowledge during the day.

✎

09

retain 유지하다, 보유하다
knowledge 지식
improve 향상되다, 개선시키다

16

S + 관계대명사/관계부사

:: 문장 맨 앞에 「명사 + 관계대명사/관계부사」가 나오는 경우 두 번째 동사 앞에서 끊어라! 맨 앞에 나온 명사가 그 문장의 주어가 되고, 두 번째 동사가 그 문장의 본동사가 된다.

패턴 42

명사 + [관계대명사/관계부사 + (S) + V1 ~] V2
S   V

문장 맨 앞에 「명사(S) + 관계대명사/관계부사」가 나오면, 두 번째 동사가 진짜 동사가 된다.

관계사절의 길이	해석법
관계사절이 짧은 경우	V1하는[한] (선행)명사가 / V2한다
관계사절이 긴 경우	(선행)명사 〈그런데 그 명사는〉 V1하는데 / (그런 명사는) V2한다 [관계대명사] (선행)명사 〈그런데 그 명사에서〉 S가 V1하는데 / (그런 명사는) V2한다 [관계부사]

패턴 43

명사 + (that) + S + V1 + V2
S   V

문장 맨 앞에 「명사 + 명사(S) + 동사(V1)」가 나오면 목적격 관계대명사(that)가 생략된 형태로 두 번째 동사가 진짜 동사가 된다.

🔒 구문분석집 p. 44

[01 - 11] 다음을 해석하세요.

42

01 A person who stands up straight conveys a message of energy and self-confidence.

01

stand up 서 있다
straight 똑바로, 곧게
convey 전달하다, 운반하다
self-confidence 자신감

43

02 The song which I listened to on the radio reminded me of happy memories from my childhood.

02

remind A of B A에게 B가 생각나게 하다
childhood 어린 시절

42

03 The major reason why spelling in English is difficult is that modern English spelling shows old English pronunciation.

🖉

03
major 주요한, 중요한
reason 이유
spelling 철자(법)
pronunciation 발음

42

04 The park where my family likes to go for walks is filled with beautiful flowers and tall trees.

🖉

04
be filled with ~로 가득 차다

43

05 Our beliefs and the languages we speak are also part of our nonmaterial culture.

🖉

05
belief 신념, 확신
nonmaterial 비물질적인
culture 문화

43

06 The cost of merchandise you purchased from us several months ago was only $250.

🖉

06
merchandise 상품
purchase 구입하다, 사다
several 몇몇의

43

07 The things we learned in kindergarten include "share everything", "play fair", and "say you're sorry when you hurt somebody."

🖉

07
kindergarten 유치원
include 포함하다
share 나누다, 함께 하다
fair 규칙에 맞게, 공정하게
hurt 상처를 주다

08 The people you communicate with will feel much more relaxed around you when they feel heard and listened to.

09 You will sometimes find that the person you talk to can convince you that there is really nothing to worry about at all.

10 In a commercial society, where having money or wealth is most important, things that can be brought by wealth, such as cars, houses, or fine clothing, are considered status symbols.

11 One of the challenges we face in the world today is that a lot of the information we get about other people and places comes from the advertising and entertainment we see in the media.

08
communicate with ~와 소통하다
relaxed 편안한, 긴장을 푼

09
convince ~을 설득하다
worry about ~에 대해 걱정하다

10
commercial 상업의
wealth 부, 재산
consider (~을 ~로) 간주하다, 생각하다
status 신분, 지위

11
challenge 도전, 힘든 일
face ~에 직면하다
information 정보
come from ~에서 나오다
advertising 광고
entertainment 오락물

UNIT 17 접속사 + S + V

:: 부사절을 이끄는 접속사의 경우, 문장 내의 위치에 따라 끊는 것이 다르다.

패턴 44

> 접속사 + S + V ~, // S + V
> S + V ~, // 접속사 + S + V

문장 맨 앞에 접속사가 나오면 콤마(,)에서 끊고, 문장 중간에 접속사가 나오면 접속사 앞에서 끊어 해석하라.

▶ 접속사 끊어 읽기

접속사의 위치	끊어 읽는 위치
문장 맨 앞	콤마(,) 뒤
문장 중간	접속사 앞

🔒 구문분석집 p. 46

[01 - 14] 다음을 해석하세요.

44

01 When I entered the subway, the thermometer I had with me registered 32℃.

44

02 We expect that as we tap into new markets, we will see unprecedented growth.

01
enter ~에 들어가다
subway 지하철
thermometer 온도계
register 기록하다

02
expect 기대하다
tap into 활용[이용]하다
unprecedented 전례가 없는
growth 성장

03

44

If you want to diet, you should consult a physician because it is difficult to select for yourself a proper diet.

✎

03
diet 다이어트하다
consult 상담하다
physician 의사
select 선택하다, 고르다
proper 적절한

04

44

When his family sets out on a trip to EXPO, his mother says that he doesn't have to join them on the trip because tomorrow they get back home.

✎

04
set out 출발하다
EXPO 박람회

05

44

The republics of Latvia and Lithuania emphasized their ethnic identities and their own language as they became independent from the Kremlin.

✎

05
republic 공화국
emphasize 강조하다
ethnic 민족의
identity 정체성
independent 독립한

06

44

That is, if you can convince yourself that the first draft isn't your best writing and can be made more effective with additional thought and some revision, then it will be easier to get started.

✎

06
convince ~에게 확신시키다
draft 초고, 초안
effective 유효한, 효과적인
additional 추가적인
revision 수정, 개정

07

44

If you demand that children tell you the truth and then punish them because it is not very satisfying, you teach them to lie to you to protect themselves.

✎

07
demand 요구하다
truth 진실
punish 처벌하다
satisfying 만족한, 충분한
lie 거짓말을 하다
protect 보호하다

08

44

Since Sam has never been unhappy with his occupation, he cannot understand the attitude of those who have no desire to take up any occupation.

✎

09

44

While I cannot promise you that your temporary contract will be extended every time it comes up for review, I can tell you that there do not seem to be any obstacles to further extensions.

✎

10

44

In his book *Feminine Faces*, Clovis Chappel wrote that when the Roman city of Pompeii was being excavated, the body of a woman was found mummified by the volcanic ashes of Mount Vesuvius.

✎

11

44

If today's top rock singer released his or her next piece on the Internet, it would not only be like playing in a theater with 20 million seats, but each listener could also transform the music depending upon his or her own personal tastes.

✎

08
since ~하므로
occupation 직업
attitude 태도
desire 욕망, 욕구
take up 차지하다

09
promise 약속하다
temporary 임시의
contract 계약
extend 연장하다, 늘이다
come up for 고려되다
review 검토
obstacle 장애(물)
extension 연장, 연기

10
excavate 발굴하다
mummify 미라로 만들다
volcanic 화산의
ash 재

11
release 발표[발매]하다
theater 극장
transform 변형시키다
depending upon ~에 따라
personal 개인의
taste 취향, 기호

12 If they don't provide financial support, you will have to use your emergency fund to cover basic expenses such as food, transport, and accommodation, and there will be less money available for an unexpected situation that necessitates a sudden change of plan.

✎

12

financial 재정적인, 금융의
support 지원, 지지
emergency 비상
fund 자금
cover (무엇을 하기에 충분한 돈을[이]) 대다[되다]
expense 비용, 지출
transport 교통, 운송
accommodation 숙박 시설
available 이용할 수 있는
necessitate 필요로 하다
sudden 갑작스러운

13 There are growing concerns that, as the fourth industrial revolution deepens our individual and collective relationships with technology, it may negatively affect our social skills and ability to empathize.

✎

13

growing 커지는
concern 우려, 관심
the fourth industrial revolution 제4차 산업혁명
deepen 심화하다
individual 개인적인
collective 집단적, 공동의
relationship 관계
negatively 부정적으로
affect ~에게 영향을 미치다
social 사회적인
empathize 공감하다

14 When Steven Erickson and colleagues asked 348 men and 142 women who had been admitted to the hospital for a heart attack about their symptoms and medication, they found that even though the women had more symptoms and were taking more medication, they rated their disease as being no more severe than the men did.

✎

14

colleague 동료
be admitted to the hospital 입원하다
heart attack 심장마비
symptom 증상, 증세
medication 약물 치료
rate 평가하다
severe 심각한, 위중한

다양한 접속사의 개념과 의미

1 여러 절을 이끌 수 있는 접속사

whether	① 명사절	⟨Whether + S + V⟩ + V S + V + ⟨whether + S + V⟩	~인지 아닌지
	② 부사절	Whether + S + V, S + V S + V, whether + S + V	~이든지 아니든지 간에
if	① 명사절	S + V + ⟨if + S + V⟩ (주어로 사용할 수 없음)	~인지 아닌지
	② 부사절	If + S + V, S + V S + V, if + S + V	① 만약 ~하다면 ② 설령 ~일지라도
that	① 명사절	⟨That + S + V⟩ + V S + V + ⟨that + S + V⟩	~하는 것
	② 형용사절	(선행)명사 + that + 불완전한 절	~하는(선행사 수식)

2 다양하게 쓰이는 접속사

as	① 이유, 원인	~때문에
	② 시간	~할 때
	③ 비례	~함에 따라
	④ 양태	~대로, ~처럼
	⑤ 양보	~일지라도
	cf 전치사 as: (자격) ~로서	
since	① 이유, 원인	~때문에
	② 시간	~한 이래로
while	① 기간	~하는 동안에
	② 반대, 대조	~반면에

3 의미별 주요 접속사

❶ 시간을 나타내는 접속사

when	~할 때	while	~하는 동안
since	~한 후, ~한 이래	as	~할 때, ~하면서
before	~전에	after	~후에
by the time	~할 때까지, ~할 때쯤에	till = until	~할 때까지
the moment (that)	~하는 순간에, ~하자마자	as soon as	~하자마자
whenever = every time = each time	~할 때마다	the first time + S + V the last time + S + V the next time + S + V	처음으로 S가 V할 때 마지막으로 S가 V할 때 다음에 S가 V할 때

❷ 이유를 나타내는 접속사

because	~ 때문에	since	~ 때문에
as	~ 때문에	, for	왜냐하면
in that	~라는 점에서	now that	~이니까
seeing that	~이므로	on the ground that	~라는 이유로

cf 이유를 나타내는 전치사

because of = owing to = on account of = due to = thanks to	~ 때문에
on the ground of	~라는 이유로

❸ 조건을 나타내는 접속사

unless	~하지 않는다면
once	일단 ~한다면
providing (that) = provided (that)	만약 ~한다면
supposing (that) = suppose (that)	만약 ~한다면
except that	① ~을 제외하곤 ② ~이 없으면
as long as = so long as	~하는 한, ~하는 동안은
if only = on the condition that	~하기만 한다면
in case (that)	만약 ~하면, ~의 경우에 대비하여

cf 조건을 나타내는 전치사

in case of	~의 경우에

❹ 양보를 나타내는 접속사

though = although = even if = even though	비록 ~일지라도
whether ~ (or not)	~이든지 아니든지 간에
granted (that) = granting (that)	비록 ~일지라도

cf 양보를 나타내는 전치사

in spite of = despite = with all = for all = against = notwithstanding	~임에도 불구하고

❺ 목적과 결과를 나타내는 접속사

in order that + S + may/can/will + V	~하기 위해서, ~하도록
~ so that + S + may/can/will + V ~, so that + S + may/can/will + V	① ~하기 위해서 (목적) ② 그 결과 ~하다 (결과)
so/such ~ that ~	아주[너무] ~해서 (그 결과) ~하다
lest + S + (should) + RV for fear (that) S + (should) + RV	~하지 않기 위해 cf lest ~ should not (X)

MEMO

심슨구문
shimson syntax

UNIT 18 문장 맨 앞에 To RV

:: 문장 맨 앞에 「To RV」가 나오면 콤마(,)나 동사(V)를 찾아라!

패턴 45

To RV, S + V
to RV하기 위해

문장 맨 앞에 「To RV, S + V」가 나오면, 목적을 나타내는 부사적 용법으로 'to RV하기 위해'로 해석한다.

패턴 46

To RV + V
to RV하는 것은

문장 맨 앞에 「To RV + V」가 나오면, 주어로 쓰여서 'to RV하는 것은'이라고 해석한다. 이때 to RV는 명사적 용법이다.

🔒 구문분석집 p. 50

[01 - 11] 다음을 해석하세요.

45

01 To make their dream come true, they decided not to waste money.

01
come true 이루어지다, 실현하다
waste 낭비하다

46

02 To put a man to death by hanging or electric shock is an extremely cruel form of punishment.

02
put to death 사형에 처하다
hanging 교수형
electric shock 전기충격
extremely 극히
cruel 잔인한
punishment 형벌

03 To get some wisdom from superstitions, you need a good education from the intelligent people.

🖉

03
wisdom 지혜, 현명함
superstition 미신
education 교육
intelligent 지성을 갖춘

04 To win yesterday's competition, he should have spent a lot of time preparing himself but he didn't.

🖉

04
competition 대회, 경쟁
prepare 준비하다

05 To love someone without any conditions needs bravery and understanding of others and oneself.

🖉

05
bravery 용기
understanding 이해

06 To understand the true sequence of events by other clues is essential in reading a detective story.

🖉

06
sequence 순서
clue 단서, 실마리
essential 중요한, 필수의
detective story 추리[탐정] 소설

07 To help you celebrate and drink a toast to your success and ours throughout the new year, we have many special dishes on our menus to suit this festive season.

🖉

07
celebrate 축하하다, 기념하다
drink a toast to ~을 위해 건배하다
success 성공, 성취
suit ~에 어울리다
festive season 명절, 연말연시

45

08 Some writers think that to impress their readers, they have to use a lot of long words and try to sound "intellectual."

✎

09 For example, to explain why the ancient Egyptians developed a successful civilization, you must look at the geography of Egypt.

✎

46

10 To lower the price of their goods to a reasonable price is the best way to prevent software from being copied illegally and protect the copyright.

✎

45

11 To entice the most experienced and skilled workers, the company developed a new pay scale for workers that has minimized profits and met all union demands.

✎

08
impress ~에게 깊은 인상을 주다
intellectual 지적인

09
explain 설명하다
Egyptian 이집트 사람[말]
develop 발전시키다
successful 성공적인, 잘된
civilization 문명
geography 지리, 지형

10
reasonable 합리적인, 적당한
prevent A from B A가 B하는 것을 막다
copy 복제하다, 복사하다
illegally 불법으로
protect 보호하다
copyright 저작권

11
entice 유치하다, 유인하다
experienced 경험이 많은
skilled 숙련된
pay scale 임금제
minimize 최소로 하다
profit 이윤, 수익
meet (필요·요구 등을) 충족시키다
union 노동조합
demand 요구, 청구

문장 맨 앞에 RVing/p.p.

:: 문장 맨 앞에 「RVing 또는 p.p.」가 나오면 콤마(,)나 동사(V)를 찾아라!

패턴 47

RVing / p.p. ~, S + V
RV하다/ p.p. 되어지다   그런 S가 V이다

문장 맨 앞에 「RVing / p.p. ~, S + V」가 나오면 분사구문이다. 이때 주어(S) 앞에 '그런'을 붙여서 해석한다.

cf (Being) + 형/전+명, S + V: 형용사/전+명하다, 그런 S가 V하다

패턴 48

RVing~ + V
RVing하는 것은

문장 맨 앞에 「RVing + V」가 나오면, 주어로 쓰여서 'RVing은' 또는 'RVing하는 것은'이라고 해석한다. 이때의 RVing은 동명사이다.

🔒 구문분석집 p. 52

[01 - 13] 다음을 해석하세요.

`47`

01 Looking on at the baseball game, he ran across an old classmate from his high school days.

✏️

01
run across ~을 우연히 만나다

`48`

02 Being wise about the health benefits of sports will ensure a healthy lifestyle.

✏️

02
benefit 이익, 이득
ensure ~을 보장하다

03

Working with researchers from Chicago University, Bronks has designed its products to meet the special bio-mechanical needs of men and women.

✏

04

While living in over-crowded country, I feel no temptation whatever to drive a car.

✏

05

As surprised by the sudden rainstorm, Sarah quickly ran to find shelter under the nearest tree.

✏

06

Putting an emotion into words and saying it out loud can be a powerful way to express oneself and connect with others on a deeper level.

✏

07

Seeing these things later in books will be exciting and enjoyable because they will have real meaning for him.

✏

08

Recognizing the healing power of humor, many hospitals are starting to take laughing matters seriously.

✏

03
researcher 연구원
design 설계[디자인]하다
product 제품, 생산품
bio-mechanical 생체역학의
need 요구, 필요

04
over-crowded 혼잡한
temptation 유혹

05
surprised 놀란
sudden 갑작스러운
rainstorm 폭풍우
quickly 급히
shelter 피난 장소

06
emotion 감정
powerful 강력한
express 표현하다
connect with ~와 친해지다

07
enjoyable 즐거운, 재미있는
real 진정한

08
recognize 인지하다, 알아보다
healing 치료의, 낫게 하는
matter 일, 문제
seriously 진지하게

09 Lifting his hand high over his head, the boy counted off the same number without changing his voice.

✎

09

lift 들어 올리다
count off 숫자를 세다, 번호를 부르다

10 Building a meaningful and successful East-West relationship will be possible only with a proper understanding of Asia and Asians.

✎

10

meaningful 의미 있는
successful 성공한
relationship 관계
possible 가능한
proper 올바른, 타당한

11 Understanding the movements of heavenly bodies and the relationship between angles and distances, medieval travelers were able to create a system of longitude and latitude.

✎

11

heavenly body 천체
angle 각도
distance 거리
medieval 중세의
longitude 경도
latitude 위도

12 Unable to finish college because of a lack of money, he took a job as a playground instructor earning thirty dollars a week.

✎

12

lack 부족, 결핍
instructor 강사
earn 벌다

13 Happy with the excellent grades he received, David planned a weekend getaway to the mountains to enjoy some fresh air and nature.

✎

13

excellent 우수한, 훌륭한
grade 성적
receive 받다
getaway 단기 휴가
fresh 신선한

PART 3

준동사해석법

UNIT 20 문장 중간에 to RV

:: 문장 중간에 to RV가 나오면 to RV 앞을 봐라.

패턴 49

be + to RV
① to RV 하는 것이다 (90%) ② be to용법 (10%)

to RV 앞에 'be 동사'가 나온 경우, S가 사물인 경우 ① 'to RV 하는 것이다' 또는 S가 사람인 경우는 ② 'be to 용법(예정·의무·의도·가능·운명)'으로 해석한다.

패턴 50

명사 + to RV
① 앞 명사 수식: to RV하는 ② 목적: to RV하기 위해

to RV 앞에 명사가 나온 경우, 앞 명사를 수식하여 'to RV하는'으로 해석하거나 목적을 나타내어 'to RV하기 위해'로 해석한다. 특히 명사가 way, effort, ability, time, possibility, opportunity, tendency, right이면 to RV는 주로 앞 명사를 수식한다.

패턴 51

감정·판단의 표현 + to RV ~
이유·원인: to RV하게 되어서

~ to RV
① 목적: to RV하기 위해 ② 결과: 그 결과 to RV하다

to RV 앞에 감정·판단의 표현이 나온 경우, 이유·원인을 나타내는 '~하게 되어서'로 해석한다. 나머지의 경우는 목적을 나타내는 'to RV하기 위해'나 또는 결과를 나타내는 '그 결과 to RV하다'로 해석한다.

패턴 52

기타 중요 구문
- **only to RV** ~했지만 결국 RV하다
- **so as to RV / in order to RV** RV하기 위해
- **so 형/부 as to RV** 형/부해서 그 결과 to RV하다
- **too 형/부 to RV** 너무 형/부해서 to RV할 수 없다

[01 - 15] 다음을 해석하세요.

`49`

01 The objective of some taxes on foreign imports is to protect an industry that produces goods vital to a nation's defense.

✏️

01
objective 목적, 목표
tax 세금
foreign 외국의
import 수입
protect 보호하다
industry 산업
defense 방위, 방어

`50`

02 Social media is a great way to stay in contact with friends and family.

✏️

02
stay ~인 채로 유지하다
contact 연락, 접촉

`51`

03 I was very surprised to receive a phone call from a distant relative whom I hadn't spoken to in years.

✏️

03
distant 먼
relative 친척, 친족

`52`

04 She eventually returned to her native country to escape the pressure, only to find that the media followed her there.

✏️

04
eventually 마침내, 결국
return 돌아가다
native country 고국, 모국
escape 벗어나다, 탈출하다
pressure 압박, 압력
follow ~을 따라가다

`52`

05 Communities are changing their habits in order to protect the environment.

✏️

05
community 공동체
habit 습관, 버릇

PART 3

준동사 해석법

06

49

06 Our purpose is to use governments for the enlargement of our personal freedom, not to be used by them as instruments.

✏️

purpose 목적, 의도
enlargement 확대, 확장
personal 개인의
freedom 자유
instrument 도구, 기구

07

49

07 A common mistake in talking to celebrities is to assume that they don't know much about anything else except their occupations.

✏️

common 흔한, 공통의
mistake 실수, 잘못
celebrity 유명인, 명사
assume 가정하다
except ~을 제외하고
occupation 직업

08

50

08 Many countries now use nuclear power to produce electricity.

✏️

nuclear power 원자력
electricity 전기

09

51

09 The ancient Olympic events were designed to eliminate the weak and glorify the strong.

✏️

eliminate 탈락시키다, 제거하다
glorify 찬양하다

10

51

10 Jim raised over one hundred million dollars to provide relief for the drought victims in Africa.

✏️

raise 모금하다
relief 구호, 구조
drought 가뭄
victim 피해자, 희생자

11

51

11 A group of dedicated volunteers organized a beach clean-up event to raise awareness about environmental conservation.

✏️

dedicated 헌신적인
volunteer 자원봉사자
organize 조직하다, 구성하다
clean-up 대청소
awareness 인식, 의식

12 Some people, such as engineers and architects, undergo special training exercises to deepen their understanding of design principles and construction techniques.

✏️

12
engineer 엔지니어, 기술자
architect 건축가
undergo 받다, 겪다
training 훈련, 트레이닝
principle 원리, 원칙
construction 건축
technique 기술

13 The capacity to store and distribute information has increased through the use of computers and other devices.

✏️

13
capacity 능력
store 저장하다, 비축하다
distribute 배포하다
device 장치, 설비

14 We need more effective ways to ensure that every citizen can fully exercise the right to secure private information.

✏️

14
effective 효과적인
ensure 보호하다, 보장하다
citizen 시민
fully 충분히, 완전히
secure 보호하다
private information 개인 정보

15 Even with machines, the best way to get data from one to another usually was to physically carry magnetic tapes or punched cards and insert them into other machine.

✏️

15
machine 기계
physically 물리적으로
magnetic 자기의, 자성을 띤
punched card 천공[펀치] 카드
insert (끼워) 넣다, 삽입하다

PART 3

준동사 해석법

Further Study be to 용법

1. The meeting is to be held this afternoon. [예정] 회의는 오늘 오후에 열릴 예정이다.

2. You are to pay your debt as soon as possible. [의무] 당신은 가능한 한 빨리 빚을 갚아야 한다.

3. Nothing was to be seen in the sky. [가능] 하늘에 아무것도 보이지 않았다.

4. If you are to succeed, you must work hard. [의도] 당신이 성공하고 싶다면, 열심히 일해야 한다.

5. He was never to come back to his country again. [운명] 그는 다시는 그의 나라로 돌아오지 못할 운명이었다.

문장 중간에 RVing/p.p.

:: 문장 중간에 RVing 또는 p.p.가 나오면 바로 앞에 나온 것을 봐라.

패턴 53

명사 + RVing/p.p. ➜ 앞에 명사를 수식

RVing하는/p.p.되어진

RVing/p.p. 앞에 명사가 나온 경우 명사를 수식하는 분사로, RVing은 현재분사로 'RVing하는 명사'로 해석하고, p.p.는 과거분사로 'p.p.되어진 명사'라고 해석한다.

패턴 54

전치사/동사 + RVing ➜ 동명사로 해석

RVing하는 것

RVing 앞에 전치사나 동사가 나온 경우, RVing은 동명사로 'RVing하는 것'으로 해석한다.

패턴 55

콤마(,) + RVing/p.p. ➜ 분사구문으로 앞에 '그러면서'를 붙여서 해석

그러면서 RVing/p.p.하다

RVing/p.p. 앞에 콤마(,)가 나온 경우, 분사구문으로 앞에 '그러면서'라는 말을 붙이고 RVing/p.p.를 쭉 이어서 해석한다.

🔒 구문분석집 p. 58

[01 - 16] 다음을 해석하세요.

53

01 Americans have made decisions based on science rather than ideology.

✏️

01

decision 결심, 결의
based on ~에 근거하여
ideology 이념

02 [54]

Color is the most important factor in judging the gem quality of a diamond.

✏️

02
factor 요인, 요소
judge 심사하다, 감정하다
gem 보석
quality 품질

03 [55]

Onlookers just walk by a work of art, letting their eyes record it while their minds are elsewhere.

✏️

03
onlooker 구경꾼, 방관자
record 기록하다
elsewhere 다른 곳으로

04 [53]

The International Monetary Fund(IMF) said that economic trouble affecting Asian countries will begin to better by the first half of 1999.

✏️

04
International Monetary Fund (IMF) 국제통화기금
affect ~에게 영향을 미치다
better 나아지다, 향상되다

05 [53, 54]

In a laboratory conducted at Stanford University, the same changes in plant growth patterns were brought about by touching plants twice a day.

✏️

05
laboratory 실험실, 연구실
conduct 실행하다
growth 성장
bring about ~을 일으키다
twice 두 번

06 [53]

Nine-tenths of the woods consumed in the Third World are used for cooking and heating.

✏️

06
consume 소비하다
heating 난방(장치)

07 One of the most interesting things ever found under New York's street was a hidden underground tunnel network from the Prohibition era.

✎

08 Coca-Cola invented in the late 19th century by John Stith Pemberton has been a leading supplier of the world's soft-drink market throughout the 21st century.

✎

09 Good quality North American ice wines, produced in California and British Columbia, have recently come onto the market, making ice wines more affordable.

✎

10 They devoted themselves to hours of unpaid work for the poor and helpless, never minding that few appreciated what they were doing for society.

✎

11 Globalization leads more countries to open their markets, allowing them to trade goods and services freely at a lower cost with greater efficiency.

✎

07
hidden 숨겨진
Prohibition 금주법 시대

08
invent 발명하다, 창안하다
supplier 공급업체
soft-drink 청량음료

09
recently 최근
affordable 가격이 저렴한

10
devote 헌신하다
unpaid 무보수의
mind ~에 신경 쓰다
helpless 무력한
appreciate 감사하다

11
globalization 세계화
trade 거래하다, 교역하다
goods and services 상품과 서비스
freely 자유로이, 맘대로
cost 비용, 가격
efficiency 효율, 능률

12 Aggression among animal populations can be significantly decreased only by relocating the competitive species.

🖉

12

aggression 공격성
population 개체군, 개체 수
significantly 크게, 상당히
decrease 감소하다, 축소하다
relocate 재배치하다
competitive 경쟁적인
species 종

53, 54

13 Water as a universal solvent makes all life possible by providing essential minerals and nutrients needed to grow and stay healthy.

🖉

13

universal 보편적인, 일반적인
solvent 용매
mineral 미네랄
nutrient 영양소

53, 54

14 An infomercial is a television commercial lasting approximately thirty minutes and used to sell a product by convincing viewers that they must have the product.

🖉

14

infomercial 인포머셜(해설형 광고)
television commercial TV 광고
last 지속하다
approximately 약, 거의
sell 판매하다
convince 설득하다
viewer 시청자

54

15 There is no basis for believing that technology will not cause new and unanticipated problems while solving the problems that it previously produced.

🖉

15

basis 근거, 기초
unanticipated 예상하지 못한
solve 해결하다
previously 이전에

54

16 While the first step in alleviating poverty in the developing world is providing adequate food and shelter, a long-term solution to the problem must focus on other issues.

🖉

16

alleviate 완화하다
poverty 빈곤, 가난
adequate 적절한, 적당한
solution 해결책, 해답
focus on 초점을 맞추다
issue 문제, 쟁점

4

그 밖의 핵심 구문

심슨구문
shimson syntax

가주어 진주어

:: 변형된 문장 구조를 파악하고 해석해야 한다. 문장 맨 앞에 「It + be동사 + 형용사·명사」의 형태가 나오면, 「가주어 – 진주어」 구문일 확률이 높다는 것을 알아둔다.

패턴 56

It + be동사 + 형·명 + to RV / that절
가주어   진주어

to RV/that절 앞에서 <뭐가?>라는 추임새를 붙여 주면 직독직해가 된다.

직독직해 '그것(it)은 형/명이다 <뭐가?> to RV/that절 이하가'

cf It + be동사 + p.p. + that절: it이 가주어 that절 이하가 진주어로서 that절 앞에서 <뭐가?>라는 추임새를 붙여 주면 직독직해가 된다.

직독직해 '그것(it)은 p.p. 되어진다 <뭐가> that절 이하가'

패턴 57

S + make/find/think/keep + it + 형·명 + to RV / that절
가목적어   진목적어

to RV/that절 앞에서 <뭐가?>라는 추임새를 붙여 주면 직독직해가 된다.

직독직해 'S가 V한다 그것이 형·명하도록 <뭐가?> to RV가/that절 이하가'

🔒 구문분석집 p. 62

[01 - 15] 다음을 해석하세요.

56

01 It is dangerous to go out too late at night.

🖉

01
dangerous 위험한

56

02 It is necessary that you should see a doctor right now.

🖉

02
necessary 필요한

03 He thinks it reasonable for young people to wear what they like.

✏

03
reasonable 합리적인, 타당한, 이성적인
wear 입다

04 I think it certain that our team will win the game.

✏

04
certain 확실한, 어떤

05 It is also important for the journalist to remember that his duty is to serve his readers.

✏

05
journalist 언론인
remember 기억하다
duty 의무, 본분
serve ~을 위해 일하다

06 In Britain and some other European countries, it was the custom for women to have the right to propose marriage to the men of their choice.

✏

06
custom 관습, 풍습
propose marriage to ~에게 청혼하다
choice 선택

07 To bring about an increase in exports, it is important for us to sell commodities of excellent quality and a low price.

✏

07
bring about 가져오다, 초래하다
increase 증가, 인상
export 수출
commodity 상품, 일용품
excellent 우수한, 뛰어난
quality 품질
low 낮은
price 가격

08 It is true that one of the chief goals in child-raising in the United States is to develop a sense of independence in the child.

✏

08
chief 주요한, 주된
goal 목표, 목적
child-raising 자녀 양육
sense of independence 독립심

PART 4

그 밖의 핵심 구문

09 It is often believed that the function of school is to produce knowledgeable people.

✎

10 It is often said that the best way to learn a foreign language is to go to a country where it is spoken.

✎

11 It is my great pleasure to inform you that your sons and daughters have completed all the academic requirements over the last three years of study at Hutt High School.

✎

12 In some cultures, people think it wrong to share their feelings and worries with others.

✎

13 She found it difficult to understand the complicated instructions without any guidance or support from others.

✎

09
function 기능, 작용
knowledgeable 지식이 있는

10
foreign language 외국어

11
pleasure 기쁨, 즐거움
inform ~에게 알리다, 통지하다
complete 완성하다, 달성하다
academic 학업의, 학교의
requirement 요건, 필요조건

12
wrong 잘못된, 틀린
share 공유하다
feeling 감정, 기분
worry 걱정, 근심

13
complicated 복잡한, 까다로운
instruction 제품의 사용 설명서, 지시, 교육
guidance 지도, 안내
support 지원, 지지, 후원

14 The Internet has made it possible for an enormous amount of information to be accessible from anywhere in the world.

14
enormous 엄청난, 거대한
accessible 접근할 수 있는

15 I find it funny that my cat insists on sleeping on my laptop when I'm trying to work.

15
insist on 고집을 부리다

Further Study It ~ that 강조 구문: It + be동사 + [강조 내용(명사/부사(구/절)] + that절

「It + be동사」와 that절 사이에 강조할 내용을 넣어 의미를 강조하는 구문을 'It ~ that 강조 구문'이라 한다.

1. It is his illness that makes him violent and dangerous.
   그를 폭력적이고 위험하게 만드는 것은 바로 그의 병이다.

2. It is a common interest and mutual respect that create harmonious relationships.
   조화로운 관계를 만드는 것은 바로 공동의 이익과 상호 존중이다.

3. It is in the second part of the book that the hero overcomes his drawback and learns a lesson.
   주인공이 자신의 단점을 극복하고 교훈을 배우는 것은 바로 책의 두 번째 부분이다.

4. It was during my high school summer vacation that I first met my husband.
   내가 남편을 처음 만난 것은 바로 고등학교 여름 방학 때였다.

5. It was when I watched the sunrise from the mountaintop that I felt a profound sense of peace.
   내가 깊은 평화로움을 느꼈을 때는 바로 산 정상에서 일출을 바라보던 때였다.

And/Or 용법

패턴 58

A, B, and C // A, B, C, or D // A and B // A, B (동격)
명/형/부/to RV/RVing/V~

and/or와 같은 접속사가 나오면 병렬구조이다. 병렬구조가 나온 경우, 같이 병렬된 것의 구조(명사/형용사/부사/부정사/동명사)를 파악하면, 쉽게 병렬된 A, B, C를 찾을 수 있다.

🔒 구문분석집 p. 66

[01 - 12] 다음을 해석하세요.

58

01 He has been asking questions and listening to people's complaints about city government.

🖊

01
complaint 불만, 불평

58

02 Rituals like looking at your watch, reaching for a car key, and untying shoes are seldom forgotten.

🖊

02
ritual 의식, 절차, (개인의) 습관적 행위
untie 풀다, 끄르다
seldom 좀처럼 ~ 않는

58

03 In spite of their continued efforts, factories and cars are still producing too much dirty smoke and putting too many chemicals into the air.

🖊

03
in spite of ~불구하고
continued 지속적인
effort 노력, 수고
factory 공장
smoke 매연, 연기
chemicals 화학물질

58

04 It may even be necessary to visit distant towns and villages to collect information from the people who live there.

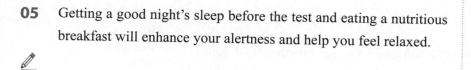

04
distant 멀리 떨어진, 먼
village 마을
collect 수집하다, 모으다

58

05 Getting a good night's sleep before the test and eating a nutritious breakfast will enhance your alertness and help you feel relaxed.

05
nutritious 영양가 많은
enhance 향상하다, 늘리다
alertness 기민
relaxed 긴장을 푼, 편한

58

06 Hanging by their teeth, swinging with one arm, and turning over in the air are just a few of the acts that circus stars do high over head.

06
hang by ~으로 매달다
swing 그네를 타다
turn over 몸[자세]을 뒤집다

58

07 The balls were first made of grass or leaves held together by strings, and later of pieces of animal skin sewn together and stuffed with feathers or hay.

07
hold together 결합하다
string 끈, 줄
skin 가죽
stuff A with B A를 B로 채우다
feather 깃털
hay 건초

58

08 Our reliable construction team plans the design you need, obtains local authority approval, and gets our extension built with a guarantee of satisfaction.

08
reliable 신뢰할 수 있는
construction 건설, 건축
obtain 얻다, 획득하다
authority 기관, 당국
approval 승인, 허가
extension 확장, 증축
guarantee 보증
satisfaction 만족(감)

PART 4

그 밖의 핵심 구문

58

09 Every advance in human understanding since then has been made by brave individuals daring to step into the unknown darkness and to break free from accepted ways of thinking.

09
advance 진보, 향상
brave 용감한
individual 개인
unknown 알려지지 않은
darkness 어둠, 암흑
break free from ~에서 벗어나다, 자유로워지다
accepted 일반적으로 인정된

58

10 We learn formal skills like learning a foreign language and doing a proof in physics, not by reading a textbook and understanding the abstract principles, but by actually solving problems in those fields.

10
formal 형식의
skill 기술
proof 증명, 증거
physics 물리학
textbook 교과서
abstract 추상적인.
principle 원리, 원칙
field 분야

58

11 A suitable insurance policy should provide coverage for medical expenses arising from illness or accident prior to or during their vacation, loss of vacation money, and cancellation of the holiday.

11
suitable 적절한
insurance 보험
policy 정책, 방침
coverage 보장 범위
medical 의학의
expense 지출, 비용
arise from ~에서 발생하다
accident 사고
prior to ~에 앞서

58

12 Ancient philosophers and spiritual teachers understood the need to balance the positive with the negative, optimism with pessimism, a striving for success and security with an openness to failure and uncertainty.

12
philosopher 철학자
spiritual 영적인, 정신의
positive 긍정적인
negative 부정적인
optimism 낙관주의
pessimism 비관주의
striving 노력, 분투
security 안전
failure 실패
uncertainty 불안정

비교급/원급

:: 비교급·원급 구문 둘 다 비교 대상이 제시되며, 원급은 두 대상 간의 유사함을, 비교급은 차이를 설명한다.

패턴 59

A + more[as] + than[as] B
{ 사람 / 장소
  동명사/명사+관계사 }   { 사람 / 장소
                                동명사/명사+관계사 }

비교급에서 비교되는 두 대상(A/B)을 잡아내는 것이 독해의 핵심이다. 먼저 B(사람/장소/동명사/명사 + 관계사)를 잡으면 A(사람/장소/동명사/명사 + 관계사)가 잡힌다.

cf 배수사 + more[as] ... than[as] B : ~배 더[만큼] ...한

패턴 60

the + 비교급 + S1 + V1 ~, the + 비교급 + S2 + V2 ~
더 비교급하면 할수록,   더 비교급한다

「the 비교급 ~, the 비교급」이 나온 경우, 해석은 '더 비교급하면 할수록 더 비교급한다'로 한다. 이때 S나 V가 생략된 경우가 많은데, 대개 S는 'it/they'가, 동사는 'be동사'가 생략된다.

🔒 구문분석집 p. 68

[01 - 12] 다음을 해석하세요.

59
01 Feeling pure and complete sorrow is as impossible as feeling pure and complete joy.

✎

01
pure 순수한
complete 완전한
sorrow 슬픔
impossible 불가능한

60
02 The bigger the expectation is, the smaller the satisfaction is.

✎

02
expectation 기대
satisfaction 만족

PART 4

그 밖의 핵심 구문

59

03 Visiting a farm is far more educational than looking at a book about a farm, where your child can pat a cow, hear ducks quack, and smell hay.

03
educational 교육적인
pat 쓰다듬다
quack 꽥꽥 우는 소리

59

04 Processing a TV message is much more like the all-at-once processing of the ear than the linear processing of the eye reading a printed page.

04
process 처리하다
all-at-once 일괄적, 모두 함께[동시에]
linear 선형의, 직선 모양의

59

05 A person who feels bad with reasonable regularity will enjoy the occasional period of feeling good far more than somebody who feels good so often that he is bored by it.

05
regularity 규칙적임
occasional 때때로의, 임시의

59

06 Rosberg observed that color advertisements in the trade publication *Industrial Marketing* produced more attention than black and white advertisements.

06
observe 말하다, 진술하다
advertisement 광고
publication 간행(물), 출판(물)
attention 관심, 주의

59

07 According to research from the University of Chicago, individuals without strong bonds of friendship, family, or community get colds at four times the rate of people who have such bonds.

07
according to ~에 따르면
bond 유대(감), 결속
friendship 우정

08 As we'll see, people who devote immense amount of time to political news can actually be more misinformed and less reasonable than those of us who spend far less time following politics.

✏️

08

devote (시간·노력 등을) 바치다
immense 막대한
political 정치의
misinformed 잘못된 정보를 받고 있는
politics 정치(학)

09 Managers who want people to take a more team-based approach with their people, for example, will almost certainly get better results by taking a more team-based approach themselves rather than just by making a speech on teamwork.

✏️

09

approach 접근
result 결과, 성과

10 The more we try to anticipate these problems, the better we can control them.

✏️

10

anticipate 예측하다, 예상하다
control 통제하다

11 The harder you work, the more likely you are to get good grades, and the brighter your future will be.

✏️

11

grade 성적, 학점

12 The more people there are in a conversation, the less well you know them, and the more status differences among them, the more a conversation is like public speaking or report-talk.

✏️

12

conversation 대화
status (사회적) 지위
difference 차이, 다름

PART 4

그 밖의 핵심 구문

기타 구문/기호의 쓰임새

패턴 61

with + O + OC: 동시 동작
~한 채로/하면서   형용사 / 전치사구 / RVing / p.p.

이때 전치사 with는 동시성(~한 채로)의 의미이고, O와 OC는 의미상 주어-동사 관계로 'O가 OC한 채로/하면서'라고 해석한다.

패턴 62

명사-RVing 명사   ⓔ English-speaking people 영어를 쓰는 사람들
명사를 RV하는

명사-p.p. 명사   ⓔ TV-reared children TV에 의해 길러진 아이들
명사에 의해 p.p.된

형용사-명사ed 명사   ⓔ long-tailed animals 긴 꼬리를 가진 동물들
형용사한 명사를 가진

패턴 63

콜론(:)   ➡ S + V ~: A, B, and/or C

세미콜론(;) ➡ S + V ~; S + V ~

대시(一)   ➡ S 一 ~ 一 V ~
          ➡ S + V ~ 一 ~

콜론(:)은 앞 문장에 대한 보충, 부연을 의미하는 내용이 뒤에 나온다. 콜론(:) 뒤에는 보통 단어, 구의 나열 구조가 제시된다.
세미콜론(;)은 앞 문장과 뒤 문장의 주어가 서로 같으면 보충이나 부연의 내용을, 주어가 다르면 대조의 내용이 제시된다.
대시(一)는 앞의 문장에 대해 보충이나 부연 설명을 하기 위해 사용된다.

🔒 구문분석집 p. 71

[01 - 15] **다음을 해석하세요.**

⁶¹
01 The old man sat looking out the window, with his wife sewing beside him.

✎

01
sew 바느질하다

02 With much less emphasis placed on words, many Asian cultures rely heavily on nonverbal cues and social context to derive meaning.

03 With face-to-face conversations crowded out by online interactions, the richness of real-life interactions may be lost.

04 Many people believe that all they have to do to relieve an acute migraine headache is to take pain-killing drugs.

05 Climate change is making it more difficult for plant-eating animals to locate food.

06 Sun-dried fruits, like apricots and raisins, make delicious and healthy snacks for quick energy boosts.

02
emphasis 강조
place 놓다, 두다
rely on ~에 의지하다
heavily 크게, 몹시
nonverbal 비언어적인
cue 신호, 단서
context 맥락, 전후 관계, 문맥
derive 끌어내다

03
face-to-face 대면하는, 마주 보는
crowd out 밀어내다, 몰아내다
interaction 상호 작용
richness 풍부, 부유
real-life 현실의

04
relieve 완화하다, 경감하다, 덜다
acute 급성의
migraine 편두통
pain-killing 통증[고통]을 죽이는
drug 약

05
plant-eating 식물을 먹는
locate 찾아내다, 위치를 찾다

06
sun-dried 햇볕에 말린
apricot 살구
raisin 건포도
delicious 맛있는
boost 증가

PART 4

그 밖의 핵심 구문

62

07 By understanding our health-related motivations, we gain insights into barriers that keep us from enjoying better health as we age.

🖉

07

motivation 동기
gain 얻다, 획득하다
insight 통찰(력)
barrier 장벽

63

08 The bookstore specializes in three subjects: art, architecture, and graphic design.

🖉

08

specialize 전문으로 한다
subject 주제
architecture 건축

63

09 Some firms sell cigarettes; others sell products that help you quit smoking.

🖉

09

cigarette 담배
quit smoking 금연하다

63

10 Heavy snow continues to fall at the airport; consequently, all flights have been canceled.

🖉

10

consequently 그 결과
flight 항공편
cancel 취소하다

63

11 Even the simplest tasks — washing, dressing, and going to work — were nearly impossible after I broke my leg.

🖉

11

task 일
nearly 거의, 대략
impossible 불가능한

12 The digital revolution means that sooner or later students and adults are going to need an entirely new set of skills: how to get information, where to find it, and how to use it.

12
revolution 혁명, 변혁
entirely 완전히

13 A woman may save her household money to carpet her bedrooms; her neighbor may save hers to buy a second car.

13
save 절약[저축]하다
household 가계의, 가족[가정]의

14 By most estimates, more than 500 million people — roughly one out of every nine — suffer from serious malnutrition today, compared with 100 million to 200 million — one out of every 14 to 25 people in the 1950's.

14
estimate 추산, 견적
roughly 대략
suffer from ~을 겪다
malnutrition 영양실조
compared with ~과 비교하여, ~와 비교해서

15 Some heroes shine in the face of great adversity, performing amazing deeds in difficult situations; other heroes do their work quietly, unnoticed by most of us, but making a difference in the lives of other people.

15
adversity 역경, 불행
perform 수행하다, 실행하다
deed 행동, 행위
unnoticed 주목되지 않은

중요 구문 정리

01

It was not until ~that… : ~해서야 비로소 …했다

- It was not until yesterday that I knew the truth.
  나는 어제서야 비로소 그 사실을 알았다.
- It was not until I left school that I realized the importance of study.
  나는 학교를 떠나고 나서야 비로소 공부의 중요성을 깨달았다.

02

It will not be long before: 머지않아, 곧
It will be long before: 오랜 시간이 지나

- It will not be long before this patient gets well.
  이 환자가 회복되기까지는 머지 않을 것이다(머지 않아 이 환자는 회복할 것이다).
- It was not long before she realized her mistake and apologized.
  머지않아 그녀는 자신의 실수를 깨닫고 사과했다.
- It will be long before we reach a solution to this complex issue.
  오랜 시간이 지나 우리가 이 복잡한 문제에 대한 해결책을 찾을 것이다.

03

may as well + RV(동사원형): RV하는 것이 더 낫다
may well + RV: RV하는 것도 당연하다

- You may as well finish the project today to avoid any delays.
  지연을 피하기 위해 너는 오늘 프로젝트를 완료하는 것이 낫다.
- You may well get angry at his rude words.
  네가 그의 무례한 말에 화를 내는 것도 당연하다.

04

no matter how + 형 (= however + 형): 아무리 형해도
how + 형 + S + V: 얼마나 형한지

- No matter how far we advance our technology, we'll still need to know how to think and read.
  우리가 아무리 (멀리) 우리의 기술을 발전시킨다고 해도 우리는 여전히 생각하고 읽는 방법을 알아야 한다.

- No matter how indifferent the universe may be to make our choices and decisions, these choices and decisions are ours to make.
  우주가 우리의 선택과 결정에 아무리 무관심하더라도 이러한 선택과 결정은 우리가 내리는 것이다.

- A job, however unpleasant or poorly paid, was a man's most precious possession.
  아무리 불쾌하고 보수가 낮더라도 직업은 한 사람의 가장 소중한 재산이었다.

- Every parent knows how important the choice of friends is for every child.
  모든 부모는 친구를 선택하는 것이 모든 자녀에게 얼마나 중요한지 알고 있다.

05

should(ought to) have p.p.: ~했어야 했는데 (하지 않았다) (유감, 후회 등을 의미)

- You should have obeyed your parents.
  너는 부모님에게 순종했어야 했는데 (하지 않았다).

- You ought to have sent the letter by special delivery.
  너는 그 편지를 속달로 보냈어야 했는데 (하지 않았다).

06

would rather A than B: B하기보다는 차라리 A하겠다

- I would rather read a book than watch television in my free time.
  나는 여가시간에 텔레비전을 보는 것보다 책을 읽는 것이 더 낫다.

- I would rather spend my weekend hiking in the mountains than lounging at home.
  나는 집에서 느긋하게 쉬는 것보다 산에서 하이킹을 하면서 주말을 보내는 것이 더 낫다.

07

have something (much) to do with~: ~와 관계가 있다
have nothing to do with~: ~와 관계가 없다

- The increase in the number of cars has much to do with air pollution.
  자동차 수의 증가는 대기 오염과 많은 관계가 있다.

- The rumors circulating about her had nothing to do with her professional reputation.
  그녀에 관해 떠도는 소문은 그녀의 직업적 평판과는 아무런 관계가 없다.

08

too 형/부 to RV: 너무 형/부해서 RV할 수 없다 (= so 형/부 that — can not)

not too 형/부 to RV: RV할 수 없을 정도로 형/부하지는 않다

- He was too old to work any more.
  = He was so old that he could not work any more.
    그는 너무 늙어서 더 이상 일할 수 없다.

- The book is too difficult for me to read.
  = The book is so difficult that I cannot read it.
    그 책은 내가 읽기에는 너무 어렵다(그 책은 너무 어려워서 나는 읽을 수 없다).

- He is not too poor to buy it.
  = He is not so poor that he cannot buy it.
    그는 그것을 사지 못할 만큼 가난하지 않다(그는 그것을 사지 못할 정도로 가난하지 않다).

09

– enough to RV: RV할 만큼 충분히 ~하다 (= so – that can RV)

- She was kind enough to invite me to her birthday party.
  = She was so kind as to invite me to her birthday party.
  = She was so kind that she could invite me to her birthday party.
    그녀는 나를 그녀의 생일 파티에 초대할 만큼 충분히 친절했다.

10

cannot help + RVing = cannot but + RV: RV할 수밖에 없다
There is no + RVing = It is impossible + to부정사
**　　　　　　　　　　　 =We cannot + RV:** ~하는 것은 불가능하다

- I cannot help laughing at his red tie.
  = I cannot but laugh at his red tie.
    나는 그의 빨간 넥타이를 보고 웃을 수밖에 없다.

- He could not help bursting out into laughter when he saw her queer appearance.
    그는 그가 그녀의 기묘한 모습을 봤을 때 웃음을 터트릴 수밖에 없었다.

- There is no telling how far science may have progressed by the end of the twentieth century.
    20세기 말까지 과학이 얼마나 발전했을지 아는 것은 불가능하다.

11

on + RVing = as soon as S + V
= The moment(the instant) that S + V: RV하자마자

- On seeing the policeman, he ran away.
  = As soon as he saw the policeman, he ran away.
  = The moment(= The instant) that he saw the policeman, he ran away.
  = No sooner had he seen the policeman than he ran away.
  = Hardly(= Scarcely) had he seen the policeman when(=before) he ran away.
  경찰관을 보자마자 그는 도망쳤다.
- On arriving at the airport, I telephoned to my friend in New York so as to ask him to come
  to the airport.
  공항에 도착하자마자 나는 뉴욕에 있는 친구에게 전화를 걸어 그에게 공항으로 와달라고 부탁했다.

12

not so much A as B = B rather than A: A라기보다는 B이다
not A so much as B = less A than B: A라기보다는 B이다

- What is important is not so much the basic ability as the process of acquiring that ability.
  중요한 것은 기본 능력이라기보다는 그 능력을 획득하는 과정이다.
- She enjoys swimming not so much as a form of exercise but as a way to relax.
  그녀는 운동의 형태라기보다는 휴식의 방법으로 수영을 즐긴다.

13

not A but B: A가 아니라 B이다
not because[that] A, but because[that] B: A 때문이 아니라, B 때문이다
not only A but also B = B as well as A: A뿐만 아니라 B도
between A and B: A와 B 사이에

- The important thing is not to win but to take part.
  중요한 것은 승리하는 것이 아니라 참여하는 것이다.
- I recommend him, not because I am fond of him, but because I respect him.
  나는 그를 좋아해서가 아니라 그를 존경하기 때문에 그를 추천한다.
- I'm sure so much drinking will not only ruin you but also will injure your health.
  나는 지나친 음주가 당신을 망칠 뿐만 아니라 당신의 건강도 해칠 것이라고 확신한다.
- Severe illness will create a crisis not only for the individual concerned but also for his family.
  심각한 질병은 당사자뿐만 아니라 그의 가족에게도 위기를 초래할 것이다.
- There is often a perceptual disparity between what our children think about a given situation
  and what we think about.
  주어진 상황에 대해 우리 아이들이 생각하는 것과 우리가 생각하는 것 사이에 지각적 차이가 있는 경우가 종종 있다.

14

cannot ~ too + 형용사/부사: 아무리 ~해도 지나치지 않다

cannot ~ + 형용사/부사 + enough: 아무리 ~해도 지나치지 않다

· You cannot be too careful in driving a car.
  당신은 차를 운전할 때는 아무리 조심해도 지나치지 않다.

· You cannot be careful enough in driving a car.
  당신은 차를 운전할 때는 아무리 조심해도 지나치지 않다.

· The only thing in the world that one can never receive or give too much is love.
  세상에서 아무리 많이 받거나 줘도 지나치지 않은 유일한 것은 사랑뿐이다.

· We cannot know too much about the language we speak every day of our lives.
  우리는 우리가 일상생활에서 사용하는 언어에 대해 아무리 많이 알아도 지나치지 않는다.

15

not[never] + without + RVing: ~할 때마다 반드시 …한다
= never ~ but S + V

· I cannot speak English without making some mistakes.
  = I never speak English but I make some mistakes.
    나는 영어를 말할 때마다 반드시 실수를 한다.

· One cannot read *Anne Frank's Diary* without being deeply impressed with her wit, sensibility, and the strength of her character.
  사람은 「안네 프랑크의 일기」를 읽을 때마다 그녀의 재치, 감성, 그리고 그녀의 강인한 성격에 반드시 깊은 인상을 받는다.

16

be far from + RVing: 결코 …아니다
= never = anything but = by no means

· He is far from telling a lie.
  그는 거짓말과는 거리가 멀다(그는 결코 거짓말을 하지 않는다).

· Watching TV for a long time is anything but good for the health.
  TV를 오래 시청하는 것은 결코 건강에 좋지 않다.

17

so that ~ may(can, will): ~하기 위해 ···하다 (목적)
= in order to RV = so as to RV = to RV

- I worked hard so that I might support my family.
  나는 가족을 부양하기 위해 열심히 일했다.
- I studied hard so as to pass the examination.
  나는 시험에 합격하기 위해 열심히 공부했다.
- I spoke slowly so that the children could understand what I said.
  나는 아이들이 내 말을 이해할 수 있도록 천천히 말했다.

18

lest ~ (should) RV = so that ~ may not: ~하지 않으려고
for fear that ~ should[might, would]: ~이 걱정돼서(~할까 봐)
so 형용사/부사 that ~ cannot: 너무 ~해서 ···하지 못하다

- He wrote it down lest he should forget it.
  = He wrote it down so that he might not forget it.
  = He wrote it down for fear that he should not forget it.
  그는 그것을 잊어버리지 않으려고 적어 두었다.
- The wind was so strong that he could not walk across the bridge. He had to go on his hands and knees, lest he should be blown away.
  바람이 너무 세서 그는 다리를 걸어서 건널 수가 없었다. 그는 날아가지 않도록 손과 무릎으로 (기어)가야만 했다.

REVIEW
TEST

심슨구문

shimson syntax

REVIEW TEST

구문분석집 p. 84

[01 - 31] 다음을 해석하세요.

01 Of all the housework she did, what she hated most was to wash the dishes.

02 Thunderstorms are made when the summer air near the ground is hot but the air a few miles up is freezing cold.

03 If you have a big job with lots of paper work, we have a little idea that might help you get through it more efficiently.

04 They also include subconscious thought that you were not even aware you were thinking until you sat down to write.

05 When you are going on a hike or a summer vacation, try to stay away from places that are full of either poison ivy or poison oak.

06 One of the first things that people studying English learn is that the game called football is called soccer in North America.

07 We often hear stories of ordinary people who, if education had focused on creativity, could have become great artists or scientists.

✐ _____

08 A common belief is that if we find someone who likes to do the same thing we do, then we will get along and we will be happy.

✐ _____

09 When a co-worker announced one morning that he and his wife were expecting their first child, we all gathered around to congratulate him.

✐ _____

10 They must accept the criticism of others but be suspicious of it, and they must accept the praise of others but be even more suspicious of it.

✐ _____

11 I have widened my horizons to include many delightful people whom I might have never known if I had maintained my original judgement.

✐ _____

12 Adding substances to foods to give them color, enhance their flavor, or interrupt the monotony of eating the same foods day after day is not new.

✐ _____

13 Those seeking a job — the young and the unskilled — realized that the best way to get hired is to acquire some experience from volunteer work.

🖉

14 Biologists studying sleep have concluded that it makes little difference whether a person habitually sleeps during the day or during the night.

🖉

15 I'm still walking on a great big cloud, so when I meet you at the station, don't be surprised if you can't see me for the rays of happiness surrounding me.

🖉

16 Air traffic controllers report that the long stretches of doing relatively little are at least as stressful as the time when they are handling many aircraft in the sky.

🖉

17 For one thing, you might have a job, but unless it is very well-paid, you will not be able to afford many things because living in a city is often very expensive.

🖉

18 Situated at an elevation of 1,350 m, the city of Kathmandu, which looks out on the sparkling Himalayas, enjoys a warm climate year-round that makes living here pleasant.

🖉

19 Some universities remain silent on the important issues of the day, justifying their silence on the grounds that universities are neutral and should not become involved.

20 Instead of treating different patients that display similar symptoms with the same drugs, doctors should identify root causes of disease to come up with a personalized treatment.

21 Our incredible growth rate leads to a continuous recruitment of ambitious programmer analysts who have the desire to make a significant contribution to an expanding company.

22 If the painting you looked at was a seascape, you may have liked it because the dark colors and enormous waves reminded you of the wonderful memories you had in your hometown.

23 Many creatures use *phosphorescence at night, and as you move through the water, you will cause plankton to release tiny pulses of light, leaving beautiful glowing wakes trailing behind you.

24 Nowadays, living in an over-crowded country where traffic is continuously on the increase, and where driving is controlled by a great many rules and regulations, I feel no temptation to drive a car.

25 The manufacturers who produce art reproductions and the consumers who purchase and display them give value to the work of art by making it available to many people as an item of popular culture.

🖉

26 Also, attending a live performance may let you catch many subtle details that are hidden from TV viewers at home, like a faint smile on a performer's face. That smile may add a whole new meaning to the performance!

🖉

27 In pointing out the misconceptions that the public has about a scientist's life, the speaker stated that the popular picture of the dedicated scientist spending long hours in peaceful contemplation is true but misleading.

🖉

28 People who make friends with many different people before they get married seem to have a variety of friends during their adult life, relate to other people in more positive ways, and have a more lasting relationship in their marriage.

🖉

29 No matter where you go, no matter who your ancestors were, what school or college you have attended, or who helps you, your best opportunity is in you. The help you get from others is something outside of you, while it is what you are, what you do, that counts.

🖉

30 One researcher conducted in-depth interviews with people who were imprisoned for violent behavior. The interviews revealed that children who are frequently spanked or threatened with violence are at very high risk of learning that violence is a way to solve problems, get what they want, or protect themselves from a perceived threat.

31 A medical study found that children aged six to eleven who had been enrolled at large daycare centers as toddlers had about one-third as many colds as children who had stayed home as toddlers. Dr. Thomas Ball, one of the participants in the study, says that when children have colds as toddlers, their immune systems are learning from these experiences, and this learning will come back to protect children later in life.

부록

심슨구문

shimson syntax

독해가 쉬워지는 기적의 영단어 특강

1 아는 데 해석이 안 되는 어휘

01 Who, if not the government, would **house** these treasures for future generations?

02 We often dismiss new ideas that could **further** our growth simply because they do not fit within the general framework of our preconceived notions and self-conceptions.

03 The screenplay requires so much filling in by our imagination that we cannot really **approximate** the experience of a film by reading a screenplay, and reading a screenplay is worthwhile only if we have already seen the film.

04 But empathy has its dark side: too much understanding and sensitivity, too much seeing things from the other's perspective, can **cloud** judgment and paralyze choice.

05 After local nuns **nursed** him through a serious illness in the 1940s, the grateful Matisse devoted himself to every detail of the chapel.

---

01 house ⓝ 집 ⓥ 거처를 제공하다, 보관[수용/소장]하다
02 further ⓐⓓ 더 멀리, 더 ⓐ 더 이상의 ⓥ 촉진하다, 발전시키다
03 approximate ⓐ 근접한, 거의 정확한 ⓥ 근접하다
04 cloud ⓝ 구름 ⓥ 어두워지다; (판단력 등을) 흐리게 하다; 우울하게 만들다
05 nurse ⓝ 간호사 ⓥ 간호하다, 치료하다

06 When people started to **plant** stored seed stock deliberately, they also began protecting their plants.

07 Paul wanted to buy some souvenirs, and he **spotted** a carving that he liked.

08 Most people tend to **rate** themselves more favorably on positive qualities and less unfavorably on negative ones than they are likely to actually merit when compared with external standards.

09-1 There was nothing **addressed** to her. It was her sixteenth birthday today, but there wasn't even a birthday card from her father.

09-2 The research **addresses** the question of how global vegetation has responded to changes in rainfall, temperature, and cloud cover patterns. Such climate factors determine how vegetation grows.

---

06 plant ⓝ 식물; 공장; 발전소 ⓥ 심다
07 spot ⓝ 점, 얼룩; 위치, 장소 ⓥ 발견하다; 더럽히다
08 rate ⓝ 비율; 가격 ⓥ 평가하다
09 address ① (대중을 향해 말을 하니까) ⓝ 연설; 인사말 ⓥ 연설하다
　　　　The CEO was energetically **addressing** them. 그 CEO는 그들에게 힘차게 연설하고 있었다.
　　　　② (누군가를 향하니까) ⓝ 주소 ⓥ ~을 보내다 ▶ 09-1
　　　　③ (어떤 사람이나 사안을 향하니까) ⓥ 다루다 ▶ 09-2

10-1 Researchers asked college student volunteers to think through a fantasy version of an experience and then evaluated the fantasy's effect on the **subjects** and on how things unfolded in reality.

10-2 **Subjecting** your entire hard-fought draft **to** cold, objective scrutiny is one of the toughest activities to master, but it is absolutely necessary.

10-3 Tradition was not static, but constantly **subject to** minute variations appropriate to people and their circumstances.

11 Biologists who study whale behavior generally have to be content with hanging around in boats, waiting for their subjects to **surface**.

12 Synthetic adhesives could **yield** transformative applications in robotics, industry, medicine, sports and clothing.

---

10 subject ① (아래로 던져졌으니까) ⓐ 지배를 받는, 복종하는 ⓥ 지배하에 두다
The Roman Empire **subjected** most of Europe to its rule. 로마 제국은 유럽의 대부분을 지배하에 두었다.
② (실험 아래로 던져진 것이니까) ⓝ 피실험자; 주제; 과목; 백성, 신하 ▶ 10-1
③ (종속되어 있으니까) ⓥ 당하게 하다(subject A to B → A가 B를 당하게 하다) ▶ 10-2
ⓐ (영향을) 받기 쉬운, 당하기 쉬운 ▶ 10-3
11 surface ⓝ 표면; 지면 ⓥ 드러나다, 수면으로 올라오다
12 yield ⓝ 수확, 산출; 이익; 항복 ⓥ 산출하다; 항복하다; 양도하다

13 Lord Hailsham, minister of science and an ardent supporter of the test ban, was chosen to **head** the team from the United Kingdom.

14 The music of the time **mirrored** the feeling of optimism in the country.

15 Through their lanterns, rescue workers were able to **peer** into the cave and confirm that Shaul and Goldin were still alive.

16 The police have expressed **grave** concern about the missing child's safety.

17 To oversimplify, basic ideas **bubble** out of universities and laboratories in which a group of researchers work together.

18 Madagascar alone **harbors** some 8,000 species of flowering plants.

---

13 head ⓝ 머리, 고개; 책임자 ⓥ 향하다; 이끌다
14 mirror ⓝ 거울 ⓥ 반영하다; 비추다
15 peer ⓝ 동료, 또래 ⓥ 자세히 보다
16 grave ⓝ 무덤; 죽음 ⓐ 중대한, 심각한
17 bubble ⓝ 거품 ⓥ 거품이 생기다, 보글보글 끓다, (아이디어 등이) 넘치다
18 harbor ⓝ 항구; 피난처 ⓥ 품다; ~의 거처가 되다

[해석]

01 정부가 아니라면 누가 미래 세대를 위해 이러한 귀중한 것들을 보관하겠는가?

02 우리는 우리의 성장을 촉진할 수 있는 새로운 생각들을 단지 그것들이 우리의 선입견과 자아 개념의 일반적인 틀에 어울리지 않는다는 이유로 종종 묵살한다.

03 영화 대본은 우리의 상상력에 의해 채워지는 것을 너무나 많이 필요로 하기 때문에, 우리는 영화 대본을 읽음으로써 영화의 경험에 실제로 가까이 갈 수 없으며, 영화 대본을 읽는 것은 단지 우리가 그 영화를 이미 보았을 경우에만 가치가 있다.

04 그러나 공감은 어두운 면이 있다. 너무 지나친 이해와 세심함, 과도하게 다른 사람의 관점에서 상황을 보는 것은 판단을 흐리고 선택을 마비시킬 수 있다.

05 1940년대에 그 지역의 수녀들이 중병에 걸린 그를 줄곧 간호해 준 이후, 이에 감사했던 마티스는 그 예배당의 모든 세세한 일들을 헌신적으로 챙겼다.

06 사람들이 저장된 씨앗 종자를 의도적으로 심기 시작했을 때 그들은 또한 자신들의 식물을 보호하기 시작했다.

07 Paul은 몇 가지 기념품을 사고 싶었고, 그는 마음에 드는 조각품을 발견했다.

08 대부분의 사람들이 외부적 규범과 비교되었을 때 그들이 실제로 받을 만한 것보다 긍정적인 자질에 대해서는 자신을 더 호의적으로 평가하고, 부정적인 것에 대해서는 자신을 덜 비판적으로 평가하는 경향이 있다.

09-1 그녀에게 온 것은 아무것도 없었다. 오늘은 그녀의 16번째 생일이었지만, 그녀의 아빠로부터 온 생일카드조차도 없었다.

09-2 그 연구는 지구의 식물이 강수량, 온도, 그리고 구름 양의 패턴의 변화에 대해 어떻게 반응해 왔느냐의 문제를 다루고 있다. 이러한 기후의 요소들은 식물이 어떻게 성장하느냐를 결정한다.

10-1 연구원들은 대학생 자원자들에게 판타지 형태의 경험을 하는 생각을 하라고 요청하고 나서, 판타지가 실험 대상자에게 끼친 영향과 현실에서 일이 어떻게 전개되었는지에 끼친 영향에 대해 평가했다.

10-2 여러분이 힘들게 쟁취한 초안 전체가 차갑고 객관적인 정밀 조사를 당하게 하는 것은 숙달하기 가장 어려운 활동 가운데 하나지만, 그것은 반드시 필수적이다.

10-3 전통은 정적인 것이 아니라, 사람들과 그들의 환경에 적절한 아주 작은 변화들에 끊임없이 영향을 받기 쉬웠다.

11 고래의 행동을 연구하는 생물학자들은 그들의 관찰 대상이 수면으로 올라오는 것을 기다리면서 보트 안에서 거니는 것에 보통 만족해야만 한다.

12 합성 접착제는 로봇, 산업, 의학, 스포츠 및 의류에서 변형 응용을 산출해 낼 수 있다.

13 과학부 장관이자 시험 금지의 열렬한 지지자인 Lord Hailsham은 영국에서 온 팀을 이끌기 위해 선발되었다.

14 그 당시의 음악은 그 나라의 낙관적인 느낌을 반영했다.

15 구조 대원들은 등불을 통해 동굴 안을 자세히 볼 수 있었고 Shaul과 Goldin이 아직 살아있음을 확인할 수 있었다.

16 경찰은 실종된 아이의 안전에 대해서 심각한 우려를 표명했다.

17 많이 단순화시켜 말하자면, 기본적 아이디어들은 한 집단의 연구원들이 함께 일하는 대학과 실험실에서 넘쳐 나온다.

18 마다가스카르에만 약 8,000종의 화초들이 자생한다.

2 뜻이 여러 개인 어휘

01 apply

① 적용하다(A to B)

Apply the same principle to all your routine activities.
똑같은 원칙을 당신의 모든 일상적인 활동에도 적용해라.

Teachers can apply many strategies to reduce the negative impact of anxiety on learning and performance.
교사들은 학습 및 수행에 대한 걱정의 부정적인 영향을 줄이기 위해서 많은 전략을 적용할 수 있다.

② 적용되다, 해당되다(to)

What's written in the book does not apply to children.
그 책에 쓰인 내용은 아이들에게 적용되지 않는다.

③ 지원하다(for)

You might as well apply for the job, even though you're too young. (2017, 기상직 9급)
비록 너무 어리더라도, 당신은 그 일에 지원하는 편이 낫다.

02 charge

① 충전하다, 장전하다; 충전, 장전

Before use, the battery must be charged.
배터리는 사용 전에 충전을 해야 한다.

② 책임 지우다; 책임 (in charge of: ~을 책임지는, 담당하는)

At the top, as we have seen, was the *scalco*, or steward, who was in charge of not only the kitchen, but also the dining room. (2018, 지방직 9급)
우리가 보았듯이 최상위에는 주방뿐만 아니라 식당까지 책임졌던 scalco 즉, 급사장이 있었다.

③ 비난하다, 고소[기소]하다(with), 공격하다; 비난, 고소[기소], 공격

He was charged with murder.
그는 살인죄로 기소되었다.

④ 청구하다; 비용

Donors are issued membership cards which allow them to borrow equipment free of charge.
기증자들에게는 무료로 기기를 빌릴 수 있는 회원 카드가 발급됩니다.

03 commit

① 위탁하다, 위임하다

The organization is committed to AIDS prevention and education.
그 조직은 에이즈 예방 및 교육을 위임받았다.

② 헌신하다, 전념하다

When young men are so committed to playing football and improving their skills on the field that they use muscle-building drugs, they become deviant.
젊은 남성들이 미식축구를 하는 것과 그들의 기술을 향상시키는 것에 지나칠 정도로 전념하여 근육을 형성하는 약물을 복용할 때, 그들은 일탈하게 된다.

③ (죄를) 범하다, 저지르다

As a result, the aggressive driver generally commits multiple violations in an attempt to make up time. (2018, 서울시 9급)
그 결과 공격적인 운전자들은 보통 시간을 보충하려는 시도에서 다양한 위반을 저지른다.

04 condition

① 상태

Entertainment is a performance or other presentation intended to induce enjoyment, an emotional condition.
오락물은 즐거움이라는 하나의 감정 상태를 유발하도록 의도된 공연이나 다른 식의 표현이다.

② 조건; 조건을 붙이다

under laboratory conditions
실험실 조건 하에서

The present to the boy was conditioned on his good results.
소년에게 주는 선물은 그의 좋은 성적을 조건으로 하고 있었다.

③ 길들이다, 훈련시키다

Our beliefs, values, thoughts, and emotions are highly conditioned to match the needs of the marketplace.
우리의 신념, 가치, 생각, 그리고 감정은 시장의 요구에 맞추도록 고도로 길들여진다.

05 contain

① 함유하다, 포함하다, 담다

Carbonated beverages contain a lot of sugar.
탄산음료에는 설탕이 많이 들어 있다.

② 억누르다, 참다, 억제하다

Although doctors struggled to contain the epidemic, it has swept all the world. (2020 경찰 1차)
비록 의사들이 전염병을 억제하려고 노력했지만, 그것은 전 세계를 휩쓸었다.

06 contract

① 계약(서), 약정; 계약하다, 약정하다

The contract has no legal effect.
그 계약은 법적 효력이 없다.

She has contracted to work 20 hours a week.
그녀는 일주일에 20시간 일하기로 계약했다.

② (병에) 걸리다

Over 2-and-a-half million people globally have now contracted COVID-19 with the number of deaths over 175-thousand.
전 세계적으로 250만 명이 넘는 사람들이 현재 코로나19에 걸렸으며 사망자 수는 17만 5천 명을 넘어섰다.

③ 수축시키다, 수축하다, 줄다

The clothes contracted a lot when they were first washed.
그 옷은 처음 빨았을 때 많이 수축되었다.

07 get

▶ **1형식(get + 부사/전치사 + 명사) → 가다**

I need to get to the airport for my business trip, but my car won't start. (2018, 국가직 9급)

나는 출장 때문에 공항에 가야 하지만 내 차가 시동이 걸리지 않는다.

▶ **2형식(get + 형용사) → 되다**

Growing medicinal herbs at home is getting popular all over the world. (2016, 기상직 9급)

집에서 약초를 기르는 것은 전 세계적으로 인기를 얻고 있다.

▶ **3형식(get + 명사) → ~을 얻다/받다/사다/구하다/이해하다/데려가다/준비하다**

① 얻다, 받다

If you know the steps, you increase your chances of getting the job. (2013, 서울시 9급)

당신이 그 단계들을 안다면, 당신은 그 일자리를 얻을 가능성을 높이게 된다.

② 사다, 구하다

The poor woman couldn't afford to get a smartphone. (2016, 지방직 9급)

그 가난한 여성은 스마트폰을 살 돈이 없었다.

③ 이해하다

I didn't get what you said because you talked so fast.

네가 너무 빨리 말해서 네 말을 이해하지 못했어.

④ 데려오다, 불러오다

We need to get a doctor right away.

우리는 당장 의사를 불러야 해요.

⑤ (병·고통 등을) 앓다

I get bad headaches often.

나는 심한 두통을 자주 앓는다.

▶ **4형식(get + IO + DO) → 사다주다**

Get me some wine from your trip to Brazil. (2013, 서울시 9급)

네 브라질 여행에서 내게 와인을 좀 사다 주렴.

▶ **5형식(get + O + to RV/p.p.) → 시키다**

The teacher got us to put out the fire immediately.

그 선생님은 우리가 즉시 불을 끄도록 했다.

I am going to keep my car and get it repaired. (2016, 기상직 9급)

내 차를 계속 두고(보유하고) 수리를 맡길 거야.

08 take

① 가지다, 취하다
(→ 받다/획득하다/빼앗다/포획하다/점령하다/구독하다/채용하다)

I plan to take a computer course.
나는 컴퓨터 수업을 받을 계획이다.

The police officer took my name and address.
그 경찰관이 내 이름과 주소를 적어 갔다.

The rebels succeeded in taking the town.
반란군들이 그 도시를 점령하는 데 성공했다.

② 걸리다, 필요하다 (take (+ 사람) + 시간·노력 + to RV)
cf It costs (+ 사람) + 금액 + to RV : (~가) to RV하는 데 ~의 돈이 든다

It will take two hours to get there.
거기 가는 데 2시간이 걸릴 것이다.

It took us three days to finish the assignment.
우리가 그 과제를 끝내는 데 사흘이 걸렸다.

Anyone can listen to music, but it takes talent to become a musician. (2018, 국가직 9급)
누구나 음악을 들을 수 있지만, 음악가가 되는 데에는 재능이 필요하다.

③ 데려가다 (take + O + to 장소)

He took me to the airport as quickly as possible.
그는 가능한 한 빨리 나를 공항으로 데려갔다.

It's her talent that has taken her to the top, not her beauty.
그녀를 정상에 올려놓은 것은, 그녀의 아름다움이 아니라 바로 그녀의 재능이다.

Take your problems to a professional, if you can't handle them.
너의 문제들을 네가 다룰 수 없다면 전문가에게 맡겨라.

09 account

① 이야기, 말, 설명, 해석; 설명하다(for)
People often give very different accounts of the same event.
사람들은 종종 같은 사건에 대해 매우 다른 이야기를 한다.

② 비율을 차지하다(for)
Europe accounts for only a small percentage of all corn exports.
유럽은 전체 곡류 수출량에 있어서 낮은 비율만을 차지한다.

③ 계좌, 계정, 장부
You can withdraw money from the account at any time without penalty.
당신은 그 계좌에서 아무 때나 위약금 없이 돈을 인출할 수 있습니다.

④ 이유, 근거, 중요성; 원인이 되다(for)
This man was later released on account of not being guilty.
이 남자는 죄가 없다는 이유로 나중에 석방되었다.

10 conduct

① 이끌다, 운영하다, 실시하다, 수행하다

An experiment was conducted with a group of women who had low satisfaction in life. (2015, 국회직 9급)
삶에서 낮은 만족도를 지닌 한 무리의 여성들에게 한 실험이 실시되었다.

② 지휘하다; 지휘

The man is conducting a musical.
남자가 뮤지컬을 지휘하고 있다.

③ 전하다, 통하다

Copper conducts electricity, but plastic does not.
구리는 전기를 전하지만 플라스틱은 그렇지 않다.

11 content

① 내용(물)

What children in remote parts of India lack is access to good teachers and exposure to good-quality content. (2018, 국가직 9급)
인도의 외떨어진 지역에 사는 아이들에게 부족한 것은 훌륭한 교사들에 대한 접근성과 양질의 (교육) 내용에 대한 노출이다.

② 만족한; 만족시키다(= satisfy), 만족하다

You're relaxed and content until someone sits down next to you and distracts you.
당신은 누군가가 당신의 옆에 앉아서 주의를 산만하게 하기 전까지 느긋하고 만족해한다.

12 figure

① 거물, 인물

Every day, it seems, we learn of an apology from a prominent figure in response to an indiscretion of some sort.
매일, 우리는 저명인사들로부터 일종의 무분별함에 대한 사과를 듣는 것 같다.

② 숫자, 수치, 수량, 계산; 계산하다, 이해하다(out)

In performance evaluation, we should consider contextual factors affecting the individual's performance rather than rely on figures only.
업무 수행 평가에 있어서 우리는 수치에만 의존하기보다는 개인의 업무 수행에 영향을 미치는 상황적 요인들을 고려해야 한다.

③ 모양, 형상, 형체

Liz saw a dark figure creep into the open and draw near to the trees. (2016, 경찰직 1차)
Liz는 검은 형체가 공터가 있는 쪽으로 살금살금 기어가 나무 가까이로 가는 것을 보았다.

13 appreciate

① 감사하다
I would really appreciate it if you could allow my son to register additionally.
제 아들이 추가적으로 등록할 수 있도록 해주신다면 정말 감사하겠습니다.

② 감상하다, 평가하다
If you want to appreciate artworks, it's important to know their theme.
당신이 예술 작품을 감상하길 원한다면, 그것들의 주제를 아는 것이 중요하다.

③ 이해하다, 인식하다
It is difficult to appreciate what a temperature of 20,000,000℃ means.
섭씨 2천만 도의 온도가 무엇을 의미하는지를 이해하는 것은 어렵다.

14 article

① 기사, 글, 논문
In the nutrition industry, articles are often written discussing a new nutrient under investigation.
영양 산업에서는 연구 중인 새로운 영양분에 대해 논의하는 기사가 흔히 작성된다.

② 품목, 물품, 물건
The man took the article, examined it, turned it over, weighed it, and took up a magnifying glass to look at it more closely.
그 사람은 그 물건을 가져가, 그것을 검사하고, 뒤집어 보고, 무게를 달고, 그것을 더 세밀히 살펴보기 위해서 확대경을 가져왔다.

③ 항목, 조항
Article 10 of the European Convention guarantees free speech.
유럽 협약 제10조는 언론의 자유를 보장하고 있다.

15 board

① 이사회, 위원회
a board of directors 이사회
In leading the planning meetings of the two boards, he carefully kept the groups focused on the long-range issues.
두 위원회의 기획회의를 이끌면서, 그는 주의 깊게 그 단체들이 장기적인 문제에 집중하도록 했다.

② 탑승하다, 승선하다, 승차하다
The platform 9 was crowded with people trying to board the train.
9번 플랫폼은 기차를 타려는 사람들로 붐볐다.

16 cast

① 연극배우를 뽑다, 배역을 결정하다

He has cast her as an ambitious lawyer in his latest movie.

그는 최근 영화에서 그녀에게 야심 있는 변호사 역을 맡겼다.

② (표를) 던지다, (시선·미소 등을) 보내다

Who are you going to cast your ballot for?

누구에게 표를 던지실 겁니까?

③ 깁스

The doctor told me that I should wear a cast on my arm for a while.

의사는 나에게 당분간 팔에 깁스를 해야 한다고 말했다.

17 count

① 세다; 셈

Don't count your chickens before they hatch.

병아리가 부화되기 전까지 그 수를 세지 마라.(김칫국부터 마시지 마라.)

② 중요하다

Every vote counts.

모든 표가 중요하다.

③ 포함하다, 간주하다

Scientists have been handicapped by lack of knowledge of what to count. (2017, 국가직 9급)

과학자들은 무엇을 포함할지에 관한 지식이 부족해서 제약을 받아왔다.

18 determine

① 결정하다

Our self-image is the blueprint which determines how we see the world.

우리의 자아상은 우리가 세계를 어떻게 보는가를 결정하는 청사진이다.

② 결심하다(to RV)

Harry and Max were determined to learn from their parents' mistake.

Harry와 Max는 부모님의 실수로부터 배우기로 결심했다. (이때 형용사로 쓰임.)

③ 밝혀내다, 알아내다

Two factors have made it difficult for scientists to determine the number of species on Earth. (2017, 국가직 9급)

두 가지 요소는 과학자들이 지구상의 종의 수를 밝히는 것을 어렵게 해왔다.

19 draw

① (돈을) 인출하다
The check was drawn on his personal account.
그 수표는 그의 개인 계좌에서 인출되었다.

② 끌다, 이끌어 내다, 도출하다
The United States might get drawn into war with its neighbors.
미국은 이웃들과의 전쟁에 끌려들 수도 있다.

A useful parallel can be drawn between the credit card and cigarette industries.
신용카드 업계와 담배 업계 사이에 유용한 유사점을 이끌어 낼 수 있다.

20 edge

① 끝, 가장자리, 날, 모서리, 경계
Keep away from the edge of the cliff.
절벽의 끝에서 멀리 떨어져라.

② 우위, 유리함
The competitive edge of the Korean brands is their reasonable prices, a greater variety of colors, and clothes that are tailored to fit the Asian body.
한국 브랜드의 경쟁 우위는 합리적인 가격, 더욱 다양한 색상, 그리고 아시아인 신체에 맞는 맞춤 의복이다.

21 bar

① 빗장, 바리게이트, 장애물, 창살
At the zoo, visitors may witness a great beast pacing behind the bars of its cage.
동물원에서 방문객들은 큰 짐승이 우리의 창살 뒤에서 걸어 다니는 것을 목격할 수도 있다.

② 변호인, 재판, 법정
He was admitted to the bar.
그는 변호사 자격을 얻었다.

③ (술·간단한 음식의) 판매대, 술집, 바
Across the U.S., bars and restaurants are rationing their supply or, like Alaska Airlines, eliminating limes altogether.
미국 전역에 걸쳐서 술집과 식당에서는 그것들의 공급을 제한하거나 알래스카 항공처럼 라임을 완전히 없애고 있다.

④ 막다, 차단하다
Mill noted that large sections of the working classes were barred from entering skilled professions because they entailed many years of education and training.
Mill은 상당 부분의 노동자 계층이 전문직으로 진입하는 것이 제한되었다는 것을 주목했는데, 왜냐하면 그것들은 상당 기간의 교육과 훈련을 수반했기 때문이다.

22 bill

① 청구서, 계산서; 계산서를 청구하다

Enclosed is a copy of the original receipt and the repair bill.
원래의 영수증 사본과 수리비 계산서가 동봉되었습니다.

The mechanic will bill me for the car repairs.
그 수리공은 자동차 수리에 대한 계산서를 내게 청구할 것이다.

② 법안

The organization tried to arouse public opinion against the bill.
그 단체는 그 법안에 대한 반대 여론을 환기시키려고 하였다.

23 develop

① 개발하다, 발전시키다

Newtown has developed a new subway system. (2018, 경찰직 1차)
Newtown은 새 지하철 체계를 개발해 왔다.

② 현상하다, 인화하다

I had the film developed yesterday.
나는 어제 그 필름을 현상했다.

③ (병에) 걸리다

He developed cancer.
그는 암에 걸렸다.

24 hold

[= grasp(붙잡다)]

① ~을 들다, 붙잡다, 잡아두다

The woman held her baby.
그 여자는 자기 아기를 안았다.

The coach taught me how to hold the racket.
그 코치는 나에게 라켓을 잡는 방법을 가르쳐주었다.

Hold the line, please. (=Hold on, please.)
전화를 끊지 말고 잠시 기다려주세요.

How long can you hold your breath?
너는 숨을 얼마나 오래 참을 수 있니?

[= keep(유지하다)]

② 유지하다

Please hold the door open.
문을 열어 두세요.

Workers held the ladder steady.
일꾼들은 사다리를 고정시켰다.

③ 개최하다

Korea held the 2018 Winter Olympics in Pyeongchang.
한국은 평창에서 2018년 동계 올림픽을 개최했다.

The camp will be held next month on the college campus.
그 캠프는 다음 달에 대학 캠퍼스에서 열릴 것이다.

25 note

① 주의하다, 주목하다; 주의, 주목

Please note that fishing is generally not permitted in this area.
이 지역에서는 일반적으로 낚시가 허용되지 않음에 주의하세요.

The study notes that openness to foreign trade benefits the poor to the same extent that it benefits the whole economy. (2017, 국가직 9급)
그 연구는 해외 무역에의 개방이 전체 경제에 이익을 주는 것과 같은 정도로 가난한 사람들에게 이익을 준다는 점에 주목한다.

Please take note of these important dates below.
아래 중요한 날짜들에 주목하세요.

② 언급하다, 말하다

"Two to eight months of not exercising at all will reduce your fitness level to as if you never exercised before," Weiss notes. (2017, 지방직 9급)
"2개월에서 8개월 동안 운동을 전혀 하지 않는 것은, 마치 전에 한 번도 운동을 하지 않은 것처럼 체력 수준을 감소시킬 것입니다"라고 Weiss는 말한다.

③ 알아차리다

Nobody noted the water dripping from the ceiling until I came back.
내가 돌아올 때까지 아무도 천장에서 물이 떨어지는 것을 알아차리지 못했다.

④ 메모, 쪽지

When I got to the hotel, I reached in my pocket to discover a small note from my daughter.
내가 호텔에 도착했을 때, 나는 주머니에 손을 넣어 딸이 준 작은 쪽지를 발견했다.

⑤ 필기, 기록; 적어두다

Unlike any of his colleagues, but as was his usual practice, James did not take any notes about the meeting.
그의 동료들과는 달리, 하지만 언제나 그랬듯이, James는 회의에 관하여 아무런 기록도 하지 않았다.

I have a habit of noting down the main points of a lecture.
나는 강의의 요점을 적어두는 습관이 있다.

⑥ 음, 음표

Imagine yourself deep in thought, hearing the beautiful sequence of notes.
일련의 아름다운 음을 들으면서 깊은 생각에 빠진 네 자신을 상상해 보렴.

26 operate

① 작동하다

The washing machine made a lot of noise, and later, it stopped operating entirely.
그 세탁기는 많은 소음을 냈으며, 나중에 그것은 완전히 작동을 멈추었다.

② 경영하다, 관리하다

The company operates three factories and a coal mine.
그 회사는 공장 세 곳과 탄광 한 곳을 운영하고 있다.

③ 수술하다

operating table 수술대
We will have to operate on his eyes.
우리가 그의 눈에 수술을 해야 할 겁니다.

27 pay

① 지불하다; 지불, 보수, 급료, 보상
How much she pays for her clothes or where she buys them does not interest her husband. (2017, 지방직 7급)
그녀의 남편은 부인이 옷값으로 얼마를 지불하는지 혹은 어디서 구입하는지에 관심이 없다.

② (주의·경의 등을) 표하다
In fact, foreign language learners can enhance their reading ability by paying attention to the context while skipping unknown words and phrases. (2015, 지방직 7급)
실제로, 외국어 학습자들은 모르는 단어와 구절들을 넘어가면서 문맥에 주의를 기울임으로써 그들의 독해 능력을 향상시킬 수 있다.

③ 수지가 맞다, 이익을 주다, 결실을 맺다
Your efforts will pay off.
당신의 노력이 결실을 맺게 될 것이다.

④ 대가를 치르다
You'll pay for what you've done!
넌 네가 한 짓에 대한 대가를 치를 거야!

28 present

① 제공하다, 주다(with)
In one experiment, shoppers in a supermarket were presented with free samples of jams and jellies.
한 실험에서 어느 슈퍼마켓에 있는 고객들이 잼과 젤리의 무료 샘플을 제공받았다.

② 출석하다; 출석한
Only a few people were present at the meeting.
겨우 몇몇 사람들이 회의에 출석했다.

③ 선물
When he retires next month, we will give him a present. (2018, 경찰직 1차)
그가 다음 달에 은퇴하면, 우리는 그에게 선물을 줄 것이다.

④ 현재
The present is all we have, and the more we are surrounded by it, the more we are aware of our own presence and participation. (2018, 국가직 9급)
현재는 우리가 지닌 모든 것이며, 우리가 더 현재에 둘러싸여 있을수록 우리는 더욱 우리 자신의 존재와 관여를 인식하게 된다.

29 refer

① 언급하다, 일컫다(to)

Duration refers to the time that events last.
지속 시간은 사건이 지속되는 시간을 말한다.

Each dolphin has its own vocalization that is referred to as a signature-whistle.
돌고래는 저마다 특유의 휘파람이라는 고유의 발성법을 가지고 있다.

② 문의하다, 조회하다, 참조하다

For more information, please visit our homepage or refer to the notice on the bulletin board.
추가적인 정보를 원하시면, 저희 홈페이지를 방문하시거나 게시판 공지사항을 참조하십시오.

30 reserve

① 떼어 두다, 비축하다, 저장하다; 비축물

The first subway car and the last subway car will be reserved for people with bicycles only.
첫 번째 지하철 칸과 마지막 지하철 칸은 자전거를 지닌 사람들만을 위해 남겨질 것이다.

② 내성적임, 자제; 내성적인(reserved)

She found it difficult to make friends because of her natural reserve.
그녀는 천성이 내성적이어서, 친구 사귀기가 힘들었다.

If you are someone who is reserved, you tend to keep your feelings hidden and do not like to show other people what you really think. (2014, 지방직 9급)
당신이 내성적인 사람이라면, 당신의 감정을 숨기고 다른 사람들에게 당신이 실제로 생각하는 것을 보여주는 것을 좋아하지 않는 경향이 있다.

31 stick

① 나뭇가지, 막대기, 지팡이

We collected dry sticks to start a fire.
우리는 불을 피우기 위해 마른 나뭇가지들을 주워 모았다.

② 찌르다

The nurse stuck the needle into my arm.
간호사가 내 팔에 주사 바늘을 찔렀다.

③ 들러붙게 만들다(= fasten), 들러붙다

Dust gets into the computer and sticks to the fan, and this blocks the air flow.
먼지가 컴퓨터에 들어가서 송풍기에 들러붙고, 이것이 공기의 흐름을 차단한다.

32 manage

① 관리하다, 경영하다
It's just not feasible to manage the business that way.
그러한 방식으로는 그 사업을 꾸려 나갈 수가 없다.

② 가까스로 해내다, 그럭저럭 잘 해내다(to RV)
If only he had managed to walk to the village, he would have been rescued.
그가 어떻게든 마을까지 걸어가기만 했다면 구조되었을 텐데.

33 term

① 기간
Acute insomnia is also known as short term insomnia or stress-related insomnia. (2018, 국가직 9급)
급성 불면증은 단기 불면증 또는 스트레스와 관련된 불면증으로도 알려져 있다.

② 조건
What are the terms of the deal?
거래 조건이 어떻게 됩니까?

③ 용어, 말
She didn't like the term Native American any more than my mother did. (2013, 지방직 9급)
그녀는 나의 엄마가 그랬던 것만큼이나 아메리카 원주민이라는 용어를 좋아하지 않았다.

④ 관계
I am on good terms with most of my friends.
나는 대부분의 내 친구들과 사이가 좋다.

34 treat

① 다루다, 취급하다, 대우하다
Fortunately, Ricky was very good at baseball, and was treated like a hero among his playmates.
다행히 Ricky는 야구를 아주 잘해서, 놀이 친구들 사이에서 영웅처럼 대접받았다.

② 치료하다, 진료하다
Kate's father was a doctor, and every summer he went to Africa to treat people who were too poor to go to a hospital.
Kate의 아빠는 의사였으며, 매년 여름 그는 너무 가난해서 병원에 갈 수 없는 사람들을 치료해 주기 위해 아프리카에 갔다.

③ 처리하다, 논하다, 절충하다, 교섭하다
All information was treated as strictly confidential.
모든 정보는 엄격히 기밀로 처리되었다.

35 match

① 시합

The contest was decided in the same manner as a boxing match. (2018, 지방직 9급)
그 대회는 권투 시합과 같은 방식으로 결정되었다.

② 적수, 상대

The hunters, armed only with primitive weapons, were no real match for an angry mammoth.
원시적인 무기로만 무장한 사냥꾼들은 화난 매머드의 진정한 적수가 되지 못했다.

③ 조화되다, 맞추다

Commercial media ensures that consumers adopt values and beliefs that match the general requirements of the economy.
상업 매체는 반드시 소비자가 경제의 일반 요건에 부응하는 가치와 신념을 채택하게 한다.

36 matter

① 물질

Add plenty of organic matter to improve the soil.
토양을 개선하려면 유기물을 충분히 첨가하라.

② 문제, 일, 사건

to make matters worse 설상가상으로

You might have tried to decide on priorities, but you have failed because of everyday trivial matters and all the unforeseen distractions. (2018, 지방직 9급)
당신은 우선순위에 따라 결정하려 노력했을 수도 있지만 매일의 사소한 문제들과 모든 예측하지 못한 방해물로 인해 실패했다.

③ 중요하다

This matters when we want to make better decisions. (2017, 지방직 9급)
우리가 더 나은 결정을 내리기를 원할 때 이것이 중요하다.

37 object

① 물건, 물체

They know that artistic representation is always explaining, refining, and making clear the object depicted.
그들은 예술적 표현이 묘사되는 사물을 항상 설명하고, 다듬고, 명확하게 만들고 있다는 것을 안다.

② 목적

The object of this study is to research energy use.
이 연구의 목적은 에너지 사용을 조사하는 데 있다.

③ 반대하다(to)

Many local people object to the building of the new airport.
많은 지역 주민들이 그 새 공항 건설을 반대한다.

38 pose

① 자세
He adopted a relaxed pose for the camera.
그는 카메라를 향해 느긋한 포즈를 취했다.

② (문제를) 제기하다
Savannas pose a bit of a problem for ecologists.
사바나는 생태학자들에게 약간의 문제를 제기한다.

39 stock

① 비축하다, 갖춰 두다
The store across the street stocks all sorts of gifts for travelers.
길 건너편의 그 상점은 여행자들을 위한 온갖 종류의 선물들을 갖추고 있다.

② 재고
It's really popular and currently out of stock.
그것은 정말 인기가 좋아 현재 재고가 없다.

③ 주식
The collapse of the New York stock market led to a worldwide economic depression and mass unemployment.
뉴욕 주식 시장의 붕괴는 전 세계적인 경제 불황과 대량 실업으로 이어졌다.

40 stress

① 압박, 스트레스
Stress can have a negative impact on one's mental, as well as physiological, functioning. (2017, 사회복지직 9급)
스트레스는 생리학상으로 뿐만 아니라 정신적으로 기능하는 것에 부정적인 영향을 미칠 수 있다.

② 강세
We worked on pronunciation, stress and intonation.
우리는 발음, 강세, 억양에 노력을 들였다.

③ 강조하다
The young CEO stressed the importance of cooperation.
그 젊은 CEO는 협력의 중요성을 강조했다.

41 stuff

① 일[것], 물건
Focus means getting stuff done. (2018, 국가직 9급)
집중이란 일을 끝마치는 것을 의미한다.

② ~을 채우다
She quickly stuffed her clothes into the suitcase.
그녀는 재빨리 옷가지를 가방에 채워 넣었다.

42 suit

① ~에게 어울리다, 적합하다
These rectangular frames suit the shape of your face.
이 직사각형 안경테가 네 얼굴형에 잘 어울린다.

② 소송
The family filed a suit against the hospital.
가족들이 병원을 상대로 소송을 냈다.

43 tend

① ~하는 경향이 있다, ~하기 쉽다(to RV)
Because they hear more, good listeners tend to know more and to be more sensitive to what is going on around them than most people. (2018, 국가직 9급)
더 많이 듣기 때문에, 훌륭한 청자들은 대부분의 사람들보다 더 많이 알고 그들 주위에서 일어나는 것들에 대해 더 민감한 경향이 있다.

② 돌보다, 간호하다
More doctors were required to tend the sick and the wounded. (2017, 지방직 9급)
환자들과 부상자들을 돌보기 위해 더 많은 의사가 필요했다.

3 원어민적인 의미를 알아야 하는 전치사

01 on

① <장소> ~에, ~위에 ※ 면을 접촉하여 또는 붙어서
Chaera lay down on the bed and took a nap yesterday. (2018, 경찰직 1차)
Chaera는 어제 침대에 누워서 낮잠을 잤다.

② ~에 대한[관한], ~에 대해[관해]
learn on Spain → 스페인에 대해 깊고 체계적으로 배우다
cf learn about Spain → 스페인에 대해 넓고 대략적으로 배우다

③ ~하자마자
Various duties awaited me on my arrival. (2017, 지방직 9급)
내가 도착하자마자 여러 임무가 나를 기다리고 있었다.

④ <시간> ~에 ※ on + 날짜, 요일, 특정한 날
It rained on June 5.
6월 5일에 비가 왔다.

It snowed on Friday.
금요일에 눈이 왔다.

It snowed on New Year's Day.
새해 첫날에 눈이 왔다.

⑤ (계속해서) V하다
They kept on going until they heard the sound of a waterfall.
그들은 폭포 소리를 들을 때까지 계속해서 갔다.

02 at

① <초점> ~을 향해
aim at a target
과녁을 향해 겨냥하다

look / smile / shoot / bark / laugh + at me
나를 보다 / 나에게 미소 짓다 / 나를 쏘다 / 나에게 짖다 / 나를 비웃다

② <지점이나 장소> ~에
At this company, we will not put up with such behavior. (2017, 지방직 9급)
이 회사에서, 우리는 그러한 행동을 용납하지 않을 것이다.

③ <시간> ~에 ※ at + 시각 / 새벽·밤 / 정오·자정
He came home at 6.
그는 6시에 집에 왔다.

I absolutely detested the idea of staying up late at night. (2017, 국가직 9급)
나는 밤에 늦게까지 깨어있는 것을 아주 싫어했다.

She will go swimming at noon.
그녀는 정오에 수영하러 갈 것이다.

03 in

① **<장소·입체적 공간·도시·국가 등의 큰 개념> ~안에, ~에서**

There are many apples in a box.
상자 안에 많은 사과들이 있다.

Tina lives in New York.
Tina는 뉴욕에 산다.

② **<시간(시점)> ~에** ※ in + 오전·오후 / 아침·저녁 / 연도 / 월 / 계절 / 세기

It snowed in the afternoon.
오후에 눈이 왔다.

It rained in the morning.
아침에 비가 왔다.

He became a teacher in 2010.
그는 2010년에 선생님이 되었다.

③ **<시간의 경과> ~후에**

The project will be ready in two days.
그 프로젝트는 이틀 후에 준비될 것이다.

→ 예를 들어, 오늘이 수요일이면 이틀 후인 금요일에 준비될 것이다.

cf within **<특정한 기간> ~이내로 / ~안에**

The project will be ready within two days.
그 프로젝트는 이틀 안에 준비될 것이다.

→ 예를 들어, 오늘이 수요일이면 이틀 내인 목요일 또는 금요일에 준비될 것이다.

04 to

① **<방향> ~(쪽)으로, ~에**

The bird went to the east.
그 새는 동쪽으로 갔다.

② **<행위 등의 대상> ~에게**

I will give this book to him.
나는 그에게 이 책을 줄 것이다.

③ **<도달점> ~까지, ~에 이르도록**

She counted from one to fifty.
그녀는 1에서 50까지 셌다.

05 from

① <기점·출발 지점> ~로부터, ~에서

I walked home from the station.
나는 역에서부터 걸어서 집으로 갔다.

② <원료·재료> ~으로   ※ 화학적 변화(재료의 본래 형태가 눈으로 보이지 않음)

The cheese is made from milk.
치즈는 우유로 만들어진다.

③ <출처·유래> ~로부터, ~에게서

He received a letter from his mother.
그는 그의 어머니에게서 온 편지를 받았다.

④ <출신·근원> ~에서, ~출신의

Where are you from?
당신은 어디 출신입니까?

⑤ <금지·억제·방지> ~을

The teacher prohibited students from running in the classroom.
선생님은 학생들이 교실에서 뛰어다니는 것을 금지했다.

06 for

① ~을 위해

I bought a book for you.
나는 너를 위해 책을 샀어.

Sponsorship is necessary for a successful career. (2018, 지방직 9급)
성공적인 경력을 위해서는 후원이 필수이다.

② ~에 대해, ~때문에, ~으로

She has a talent for singing.
그녀는 노래에 대해(= 노래에) 재능이 있다.

I scolded a kid for his lie.
나는 거짓말 때문에 아이를 꾸짖었다.

The woman was convicted and sentenced to ten years in prison for the murder

case. (2018, 경찰직 1차)
그 여자는 살인죄로 기소되어 10년형을 선고받았다.

③ ~동안   ※ for + 기간

He's going away for a few weeks.
그는 몇 주 동안 자리를 비울 것이다.

Having been abroad for ten years, he can speak English very fluently. (2017, 국가직 9급)
10년 동안 해외에 있었기 때문에, 그는 영어를 아주 유창하게 말할 수 있다.

④ ~에 찬성하는, ~을 향해   ※ V + for + N

I am for his offer.
나는 그의 제안에 찬성한다.

leave for a foreign country
외국을 향해 떠나다

07 by

① ~에 의해

the development of sea travel by the early Americans (2017, 경찰직 2차)
초기 미국인들에 의한 해상 여행의 발달

② ~옆에

a girl by the bus stop
버스 정류장 옆에 있는 한 소녀

day by day / one by one / room by room
날마다 / 하나씩 / 방마다

③ <정도·범위> ~만큼, ~씩

Sales fell by 10%.
매출이 10% 만큼 감소했다.

④ ~까지 / ~쯤에　※ by + 때

I will finish this work by the end of this month.
나는 이번 달 말까지 이 일을 끝낼 것이다.

By the time we reached home, it was quite dark.
우리가 집에 도착했을 때, 꽤 어두웠다.

👤 **Shim's tip**

'by'(~까지)와 'until'(~까지)의 구분 : '계속'이란 말을 붙일 때 말이 되는지 확인한다.

I will wait here until 2 o'clock.
나는 여기에서 2시까지 계속 기다릴 거야. (O)

I will finish this work by noon.
나는 이 일을 정오까지 계속 끝낼 것이다. (X)

---

08 of

① ~의

Seoul is the capital of Korea.
서울은 한국의 수도이다.

② <제거·박탈> ~에서, ~로부터

James deprived me of some money.
James는 나에게서 약간의 돈을 빼앗았다.

③ <물질·재료> ~으로 된, ~으로   ※ 물리적 변화(재료의 본래 형태가 눈으로 보임)

The building is made of stone.
그 건물은 돌로 만들어졌다.

④ <원인> ~ 때문에(~으로)

The girl died of cancer.
그 소녀는 암으로 죽었다.

⑤ ~에 대해

He was afraid of addressing a foreigner.
그는 외국인에게 말을 거는 것에 대해(=거는 것이) 두려웠다.

Why didn't I think of that? (2017, 지방직 9급)
왜 내가 그것에 대해 생각하지 않았을까?

09 about

① ~에 대한[관한], ~에 대해[관해]

a book about flowers
꽃에 관한 책

We'll have to think about the problem.
우리는 그 문제에 대해 생각해야 할 것이다.

② ~주위에, ~주변을

wander about the street
거리 주변을 헤매다

He was injured about his head in the accident.
그는 사고에서 머리 주변에 부상을 입었다.

③ <부사로 사용> 약, 대략, ~쯤, ~경   ※ about + 숫자

about ten thousand people
약 만 명의 사람들

It costs about $20.
그것은 20달러쯤 든다.

10 with

① ~와 함께(with + 사람), ~을 가지고(with + 사물)

I went to the theater with her.
나는 그녀와 함께 극장에 갔다.

He did my favor with pleasure.
그는 기꺼이(=기쁨을 가지고) 내 부탁을 들어주었다.

② ~하면서, ~한 채로

He came downstairs with his coat over his arm.
그는 코트를 팔에 걸친 채 아래층으로 내려왔다.

With her legs crossed, she was reading a book.
그녀는 다리를 꼰 채 책을 읽고 있었다.

11 out of

① ~로부터, ~중에(서)

Two rabbits came out of the forest.
두 마리의 토끼가 숲에서 나왔다.

in nine cases out of ten
십중팔구

② <동기> ~에 의해, ~에서

We acted out of necessity.
우리는 필요에 의해 행동했다.

③ <부정> 떨어진, 바닥난 ※ out of + N

Out of sight, out of mind.
눈에서 멀어지면 마음에서도 멀어진다.

I've been out of touch with most of my old friends. (2017, 지방직 9급)
나는 나의 오랜 친구들 대부분과 연락을 하지 않는다.

 Shim's tip

out of 관련 숙어

out of question 의심의 여지가 없는
out of the question 불가능한
out of date 구식의
out of place 불편한, 부적절한
out of order 고장이 난, 부적절한
out of stock 품절된, 매진된

12 off

<분리> 떨어져, 벗어나서

He fell off a ladder.
그는 사다리에서 떨어졌다.

He got off a train.
그는 기차에서 내렸다.

13 up

① 위로, 위에, 위쪽에, 위쪽으로

The boy is up the tree.
소년은 나무 위에 있다.

② <부사로 사용> 완전히(동사의 의미 강조)

use up his money
그의 돈을 다 써 버리다

She broke up with John.
그녀는 John과 완전히 끝냈다.

His speech didn't come up to my expectation.
그의 연설은 내 기대에 못 미쳤다.

4 실수를 유발하는 닮은 꼴 어휘

001	
alert	알리다, 경보를 발하다; 경보; 기민한, 민첩한
alter	바꾸다, 변경하다
altar	제단

002	
ascent	상승, 오르기
assent	동의하다; 승인

003	
advisable	권할 만한, 바람직한
advisory	자문의, 조언의

004	
accumulate	축적하다, 모으다, 쌓다
accommodate	(지낼 공간을) 제공하다; 적응시키다; 수용하다

005	
astrology	점성술
archaeology	고고학
anthropology	인류학

006	
access	접근, 출입
assess	평가하다

007	
adapt	적응시키다, 적응하다
adopt	채택하다; 입양하다
adept	정통한, 능숙한; 숙련자, 달인

008		
addition		추가, 덧셈
addiction		중독
edition		(출간 횟수) 판, 회

009		
aboard		탄, 승선[승차]한; 배 안에
abroad		해외로; 해외; 널리, 일반적으로

010		
absorb		흡수하다; 열중하게 하다
absurd		어리석은, 터무니없는

011		
arise		생기다, 발생하다, 유발되다
rise		뜨다, 오르다, 증가하다; 상승; 일어나다
raise		들어올리다; 인상하다; 기르다; 제기하다
arouse		자극하다, 불러일으키다

012		
affect		~에 영향을 미치다
effect		영향, 효과; 결과
infect		감염[전염]시키다, 오염시키다; 감염, 전염
impact		충돌, 충격; 영향(력); 영향을 주다

013		
aptitude		소질, 적성
attitude		태도, 몸가짐, 자세
altitude		고도, 높이

014		
attention		주의, 주목
intention		의도, 목적

015		
attach		붙이다, 달다
attack		공격[습격]하다, 공격[습격]

016		
appliance		(가정용) 기기
application		신청(서), 지원(서); 적용

017		
bleed		피 흘리다
breed		(새끼를) 낳다; 기르다, 사육하다; 품종, 종

018		
bold		대담한, 뻔뻔스러운
bald		대머리의

019		
board		널빤지, 판자; 이사회, 위원회; 탑승하다
broad		넓은, 광대한

020		
bride		신부
bribe		뇌물

021		
beneficial		유익한, 이로운
beneficent		선행을 베푸는, 도움을 주는, 친절한

022		
beside		~옆에
besides		~이외에; 게다가, 뿐만 아니라

023		
breath		숨, 호흡, 입김
breathe		숨 쉬다, 호흡하다
breadth		폭, 넓이

024	
banish	추방하다, 쫓아 버리다
vanish	사라지다

025	
conform	따르다, 순응하다
confirm	확인하다, 확정하다; 입증하다

026	
compete	경쟁하다, 겨루다
complete	완료하다; 기입하다; 완벽한, 완전한
competence	능력, 역량
competition	경쟁, 시합, 경기
completion	완성, 수료
competitive	경쟁의, 경쟁에 의한
competent	능력 있는, 유능한

027	
considerate	사려 깊은, 이해심 많은
considerable	상당한, 많은

028	
confident	자신감 있는, 확신하는
confidential	비밀의, 기밀의; 신뢰하는

029	
credible	믿을 수 있는, 믿을 만한
credulous	잘 믿는, 속기 쉬운

030	
career	경력; 직업
carrier	운반(인); 보균자

031		
consent		동의하다
contend		다투다, 싸우다; 경쟁하다; 주장하다
content		만족하는; 만족시키다; 만족, 자족
contents		내용물, 차례, 목차

032		
collect		모으다, 수집하다
correct		옳은; 고치다, 수정하다

033		
council		의회
counsel		조언, 충고

034		
custom		관습, 풍습; 습관
customs		세관

035		
comprise		포함하다, 구성하다
compromise		타협하다; 타협, 절충안; (명성을) 손상시키다
promise		약속하다; 약속

036		
community		지역 공동체, 주민
commodity		상품, 일용품

037		
compliment		칭찬, 칭찬하다
complement		보충하다; 보어

038		
command		명령하다; 지배하다; 지휘하다
commend		추천하다; 칭찬하다
comment		논평하다; 논평, 언급

039	
commerce	무역, 상거래
commence	시작되다, 시작하다

040	
daily	매일의, 일일, 하루
diary	일기
dairy	낙농업, 우유판매업

041	
desert	버리다; 사막
dessert	후식

042	
disease	질병
decease	사망; 사망하다

043	
dependent	의존[의지]하는; 좌우되는
dependable	의지할 만한, 믿을[신뢰할] 만한

044	
dispute	논쟁하다, 토론하다; 논쟁, 토론
disrupt	방해하다; 붕괴하다; 분열[붕괴]된

045	
expand	확대[확장]하다, 팽창하다
expend	소비하다

046	
ethics	윤리학
ethical	윤리적인, 윤리의
ethnic	인종의, 민족의

047	
economic	경제(학)의
economics	경제학; 경제 (상태)
economical	절약하는, 경제적인

048	
elect	선거(선출)하다
erect	똑바로 선; 똑바로 세우다

049	
emit	방출하다, 내뿜다, 발사하다
omit	빠뜨리다, 생략하다

050	
fare	운임, (교통)요금
fair	타당한; 공평한, 공정한; 상당한; 박람회

051	
fellow	동료, 친구
follow	따르다, 따라가다

052	
flea	벼룩
flee(flee – fled – fled)	달아나다, 피하다

053	
find-found-found	발견하다
found-founded-founded	설립하다

054	
flame	불꽃, 불길
frame	골격, 뼈대, 틀, 구조

055	
fraction	조각, 파편, 부분
friction	마찰; 불화

056	
female	여성; 여성의
famine	기근, 배고픔
feminine	여성의, 여성다운

057	
general	일반적인, 전반적인; 장군, 대장
generous	관대한, 너그러운; 풍부한

058	
geology	지질학
geometry	기하학
geography	지리학

059	
globe	지구, 세계
glove	장갑

060	
grateful	고마워하는, 감사하는
graceful	우아한

061	
healthy	건강한
healthful	건강에 좋은

062	
hire	고용하다
heir	상속인; 후계자

063	
hospitality	환대
hostility	적의, 적대감

064	
industrial	산업의
industrious	근면한, 부지런한

065	
ingenious	기발한, 독창적인
ingenuous	순진한, 사람을 잘 믿는

066	
inhibit	금지하다, 억제하다
inhabit	살다, 거주하다

067	
imaginary	상상의, 가상의
imaginable	상상할 수 있는
imaginative	상상력이 풍부한, 상상하기 좋아하는

068	
jealous	질투하는, 질투심 많은
zealous	열성적인

069	
literary	문학의, 학문의
literate	읽고 쓸 수 있는, 학식이 있는
literacy	읽고 쓸 수 있음
literal	문자의, 글자 그대로의

070	
loyal	충성스러운
royal	왕실의

071		
late		늦은; 늦게
lately		최근

072		
marble		대리석
marvel		놀라운 것, 경이; 놀라다, 경탄하다

073		
mortal		치명적인; 죽을 운명의
mental		정신의, 마음의
moral		도덕적인, 도덕상의
morale		사기, 의욕

074		
mumble		중얼[웅얼]거리다; 중얼거림
murmur		소곤[투덜]거리다; 투덜거림, 속삭임
murder		살해하다; 살인

075		
moderate		적당한; 중간의; 절제하는; 완화시키다
modest		겸손한; 많지 않은; 수수한, 아담한

076		
momentary		순간적인, 잠깐의
momentous		중대한, 중요한

077		
memorial		기념의, 기념하기 위한, 추모의; 기념물
memorable		기억할만한, 잊을 수 없는

078		
most		대부분(의); 최고(의)
almost		거의, 대개

079		
mass	큰 덩어리, 집단, 대중	
mess	지저분함	

080		
noble	고결한, 숭고한; 귀족의	
novel	소설; 새로운	

081		
physics	물리학	
physical	물질의, 물리적인; 육체의, 신체의	
physiological	생리학적인	
psychological	정신의, 심리학적인	

082		
pray	기도하다	
prey	먹이, 희생(자); 잡아먹다	

083		
proper	적절한, 적당한, 알맞은	
prosper	번영하다, 번창하다	

084		
principal	주요한, 주된; 교장	
principle	원리, 원칙; 법칙	

085		
previous	앞의, 이전의, 먼저의	
precious	(물건이) 귀중한	
precise	정밀한, 정확한	

086	
pole	막대기, 기둥; (지구나 자석의) 극
poll	투표; 여론 조사
pool	웅덩이; 수영장; 이용 가능 인력

087	
protect	보호하다
protest	항의하다, 주장하다; 항의, 주장

088	
quite	꽤, 아주, 완전히
quiet	조용한
quit	그만두다

089	
quality	질
quantity	양

090	
rob	빼앗다, 도둑질을 하다
rub	문지르다

091	
regrettable	유감스러운, 애석한 (사건이나 일이 주체)
regretful	후회하는, 슬퍼하는 (사람이 주체)

092	
raw	날것의, 가공하지 않은
row	줄, 열; 노를 젓다

093	
respective	각각의
respectable	존경할만한, 훌륭한
respectful	경의를 표하는, 공손한

094	
sensitive	민감한, 예민한
sensible	현명한, 지적인; 이성적인, 분별력 있는
sensual	관능적인, 육감적인
sensory	감각의, 지각의, 중추의

095	
successful	성공한, 출세한
successive	잇따른, 연속적인, 계승되는

096	
sweet	단, 달콤한
sweat	땀; 땀을 흘리다

097	
social	사회(학)의, 사회적인
sociable	사교적인, 붙임성 있는

098	
saw	톱질하다; 보았다(see의 과거)
sew	바느질하다, 꿰매다
sow	씨를 뿌리다

099	
state	국가, 주; 형편, 상태; 진술; 진술하다; 명시하다
status	지위, 신분; 정세, 상태, 사정
statue	동상

100	
staff	직원
stiff	뻣뻣한, 딱딱한, 경직된
stuff	물질, 재료; 채우다

101	stain	얼룩; 얼룩지게 하다, 오점을 남기다
	strain	긴장; 피로; 잡아당기다; 혹사하다

102	sanitary	위생의, 위생적인
	sedentary	주로 앉아서 하는

103	swallow	(음식 등을) 삼키다; 제비
	shallow	얕은, 피상적인

104	sever	자르다, 끊다
	severe	엄한, 엄격한; 심각한
	several	몇몇의, 여러 가지의

105	simultaneous	동시의, 동시에 일어나는
	spontaneous	자발적인; 자연적인

106	through	~을 통해, 거쳐
	throughout	도처에; ~동안, 내내
	thorough	철저한; 순전한, 완전한
	though	비록 ~일지라도

107	tidy	단정한, 깔끔한, 잘 정돈된
	tiny	작은, 조그마한, 사소한

108	tolerable	참을 수 있는, 견딜 만한
	tolerant	관대한

109		
vary		다르게 하다, 바꾸다, 바뀌다
various		다양한
variable		변하기 쉬운, 변덕스러운

110		
valuable		소중한, 귀중한, 값비싼
invaluable		매우 귀중한, 값을 매길 수 없는
priceless		매우 귀중한, 값을 매길 수 없는
valueless		가치 없는, 무가치한

111		
vacation		방학, 휴가
vocation		직업; 천직, 소명

112		
vague		모호한, 희미한, 애매한
vogue		유행

113		
worship		예배[숭배]하다; 예배[숭배]; 존경하다; 존경
warship		전함, 군함

114		
wonder		궁금해 하다; 놀라다; 놀라움, 경이
wander		헤매다, 방황하다, 돌아다니다

115		
worm		벌레, 지렁이
warm		따뜻한

116		
waist		허리
waste		낭비하다, 소모시키다; 낭비, 소모

5 불규칙 동사표

기본형	과거형	과거분사
arise	arose	arisen
awake	awaked/awoke	awaked/awoken
be	was/were	been
bear	bore	born(e)
beat	beat	beaten
become	became	become
begin	began	begun
bind	bound	bound
bite	bit	bitten
bleed	bled	bled
blow	blew	blown
break	broke	broken
breed	bred	bred
bring	brought	brought
build	built	built
burst	burst	burst
buy	bought	bought
catch	caught	caught
choose	chose	chosen
forgive	forgave	forgiven
freeze	froze	frozen
get	got	gotten/got
quit	quit(ted)	quit(ted)
read	read	read

기본형	과거형	과거분사
ring	rang	rung
rise	rose	risen
run	ran	run
see	saw	seen
seek	sought	sought
sell	sold	sold
send	sent	sent
shake	shook	shaken
shed	shed(ded)	shed(ded)
shine	shone/shined	shone/shined
shoot	shot	shot
shrink	shrank/shrunk	shrunk
sing	sang	sung
sink	sank/sunken	sunk/sunken
sit	sat	sat
sleep	slept	slept
sow	sowed	sown/sowed
speak	spoke	spoken
speed	sped	sped
spend	spent	spent
give	gave	given
go	went	gone
grow	grew	grown
hang	hung	hung

기본형	과거형	과거분사
have	had	had
hear	heard	heard
hide	hid	hidden
hit	hit	hit
hold	held	held
hurt	hurt	hurt
keep	kept	kept
kneel	knelt	knelt
know	knew	known
lay	laid	laid
leave	left	left
lend	lent	lent
lie	lay	lain
lose	lost	lost
make	made	made
meet	met	met
pay	paid	paid
put	put	put
spill	spilled/spilt	spilled/spilt
spring	sprang/sprung	sprung
stand	stood	stood
steal	stole	stolen
strike	struck	stricken/struck
strive	strove/strived	striven/strived

기본형	과거형	과거분사
sweep	swept	swept
swim	swam	swum
swing	swung	swung
take	took	taken
teach	taught	taught
tear	tore	torn
tell	told	told
think	thought	thought
thrive	thrived	thrived
throw	threw	thrown
thrust	thrust	thrust
wear	wore	worn
weave	wove	woven
weep	wept	wept
win	won	won
write	wrote	written

Staff

Writer	심우철
Director	강다비다
Researcher	정규리 / 한선영 / 장은영 / 김도현
Design	강현구
Manufacture	김승훈
Marketing	윤대규 / 한은지 / 유경철

발행일: 2024년 6월 27일 (개정 1판)

내용문의: http://cafe.naver.com/shimson2000

신경향이 적극 반영된
시험에 나올 것만 공부하는 슬림한 영문법 기본서

2025
심슨문법

2025 심슨 문법은 변화하는 출제 기조에 맞춰
이렇게 업그레이드 되었습니다!

1. 시험에 잘 나오지 않는 지엽적인 포인트는 삭제   2. 2025 신유형 대비를 위한 연습 문제 추가   3. 개념 이해를 돕는 풍부한 예문 수록

〈심슨 구문〉
기본서 회독 학습을 위한 필수품
복습종이

더 이상 썼다 지웠다 반복하지 마세요

〈심슨 구문〉 기본서의 모든 문장을 수록했습니다
회독 학습을 위해 값비싼 기본서를 재구매 할 필요가 없습니다
연습장에 옮겨 풀거나 풀었던 문제를 지우는 수고를 덜어줍니다
회독에 대한 고민 없이 '복습종이'에 마음껏 문제를 풀 수 있습니다

2025
심우철 영어
기본서
시리즈

심슨 구문

shimson syntax

심우철 지음

구문분석집

심슨
구문

shimson syntax

심우철 지음

구문분석집

구문분석 Table

대문자	주절	변형
S	주어	S_1, S_2, S_3
V	동사	V_1, V_2, V_3
SC	주격 보어	SC_1, SC_2, SC_3
OC	목적격 보어	OC_1, OC_2, OC_3
O	목적어	O_1, O_2, O_3
IO	간접목적어	IO_1, IO_2, IO_3
DO	직접목적어	DO_1, DO_2, DO_3

대문자	종속절	변형
S	주어	S_1, S_2, S_3
V	동사	V_1, V_2, V_3
SC	주격 보어	SC_1, SC_2, SC_3
OC	목적격 보어	OC_1, OC_2, OC_3
O	목적어	O_1, O_2, O_3
IO	간접목적어	IO_1, IO_2, IO_3
DO	직접목적어	DO_1, DO_2, DO_3

기타표기	
as, -er than	상관접속사, 비교급
that	명사절 접속사
< >	명사절, 동격절
( )	부사(구) *「전치사 + 명사」는 부가 정보라는 점에서 모두 부사구로 처리
[ ]	수식어구
that	관계대명사, 관계부사
while	부사절 접속사
(it was), (that)	생략
the place	선행사
having	분사구문
and, or, but	등위접속사
to stop to 부정사(목적)	부사적 용법의 to 부정사

문장 해석법

📖 본서 p. 16

UNIT 01 전 + 명 / 명 of 명

01

the baby (on the sofa) – 명사구/부사구 → 해당 순서대로 나열된 구
명사   부사구 → 「전치사 + 명사」는 부가 정보라는 점에서 모두 부사구로 처리

해 석 소파 위의 아기

02

the development of science – 명사구
명사구   명사

해 석 과학의 발전

03

under the development of science – 부사구
전치사   명사구

해 석 과학의 발전하에

04

an important part of the physical environment – 명사구
명사구   명사구

해 석 물리적 환경의 중요한 부분

05

one of the interesting things – 명사구
명사   명사구

해 석 흥미로운 것 중 하나

06

one of the most destructive forms of all the storms – 명사구
명사   명사구   명사구

해 석 모든 폭풍 가운데 가장 파괴적인 형태 중 하나

07

one of the most common mistakes (in reasoning) – 명사구/부사구
명사　　　　명사구　　　　　　　　　부사구

해　석 추론상의 가장 흔한 실수 중 하나

08

years of research / lots of students / a kind of sports – 명사구

hundreds of / millions of students – 명사구

해　석 수년간의 연구 / 많은 학생들 / 일종의 스포츠
　　　수많은 학생들

09

millions of students (from several colleges (around Dublin)) – 명사구/부사구/부사구
명사구　　　　　　　　부사구　　　　　　　　부사구

해　석 더블린 주변 여러 대학에서 온 수많은 학생들

10

over two million acres of land (in the country) – 명사구/부사구
부사　명사구　　　　　　　　　부사구

해　석 시골에 있는 2백만 에이커 이상의 땅

11

the availability of oxygen (in many parts of the sea) – 명사구/부사구
명사구　　　　명사　　　부사구

해　석 바다의 많은 부분에서 산소의 이용 가능성

12

the poor performance of American students (on various international tests) – 명사구
명사구　　　　　　　명사구　　　　　　부사구

해　석 다양한 국제 시험에서 미국 학생들의 형편없는 성적

13

one of the fundamental rights of every human being (without distinction of race)
명사　　명사구　　　　　　　　　　　　　　　　부사구
– 명사구/부사구

해　석 인종 구분 없이 모든 인간의 기본 권리 중 하나

01

a very beautiful girl – 명사구

해 석 매우 아름다운 소녀

02

with a very beautiful girl – 부사구
전치사 명사구

해 석 매우 아름다운 소녀와 함께

03

the powers of imagination and inner visualization – 명사구
명사구   명사구

해 석 상상력과 내면의 심상

04

books, movies, software and pictures – 명사구
A   B   C   D

해 석 책과 영화와 소프트웨어와 그림

05

the creator or author of books, movies, software and pictures – 명사구
명사구   A   B   C   D

해 석 책, 영화, 소프트웨어 그리고 그림의 창작자 또는 작가

06

the earliest and most effective machines [available to humans] – 명사구/형용사구
명사구   형용사구

해 석 인간이 이용할 수 있는 가장 초기의 효과적인 기계

07

one of the most famous yet mysterious celebrities (of recent times) – 명사구
명사　　　　　　　　명사구　　　　　　　　　　　　　　　　명사구

해　석　최근에 가장 유명한 그러나 신비한 유명 인사 중 한 명

08

15 years of research (on U.S. employment and the minimum wage) – 명사구/부사구
명사구　　　　명사　　　　부사구

해　석　미국 고용과 최저 임금에 대한 15년 간의 연구

09

his (absolutely) outstanding performance (in an exceptionally difficult condition)
명사구　　　　　　　　　　　　　　　　　　　　　　부사구
– 명사구/부사구

해　석　유난히 어려운 환경 속 그의 매우 뛰어난 성적

10

the important value of life (such as honesty, good manners, team work, and cooperation)
명사구　　　　　　　명사　부사구
– 명사구/부사구

해　석　정직, 올바른 태도, 팀워크, 그리고 협동과 같은 삶의 중요한 가치

11

three rows of benches (on each side of the stage) and six rows of benches (in front of
명사구　　　　　　　부사구　　　　　　　　　　　　명사구　　　　　　　부사구
the principal) – 명사구/부사구/명사구/부사구

해　석　무대의 양옆 3줄의 의자와 교장 선생님 앞 6줄의 의자

12

the development of new types of products and services and new forms and methods of
명사　　　　　　　　　명사구
distribution – 명사구

해　석　제품과 서비스의 새로운 유형과 유통의 새로운 형태 및 방식의 발달

13

I bought a very expensive car.
S V   O

직독직해 나는 / 샀다 / 아주 비싼 자동차를

문장해석 나는 아주 비싼 자동차를 샀다.

14

I bought a very expensive car (from the car-dealer's shop) (5 years ago).
S V   O

직독직해 나는 샀다 / 아주 비싼 자동차를 / 자동차 판매점에서 / 5년 전에

문장해석 나는 5년 전에 자동차 판매점에서 아주 비싼 자동차를 샀다.

15

I bought a very expensive car (with leather seats), a comfortable house, and costly
S V   O

gems.

직독직해 나는 샀다 / 아주 비싼 차와 / 가죽 시트가 깔린 / 편안한 집 / 그리고 아주 비싼 보석을

문장해석 나는 가죽 시트가 깔린 아주 비싼 차와 편안한 집, 그리고 아주 비싼 보석을 샀다.

UNIT 03 준동사는 하나의 구 본서 p. 23

01

to read important materials (in either quiet or noisy rooms)
명사적/부사적 용법(목적)

직독직해 중요한 자료들을 읽는 것[읽기 위해] / 조용한 또는 시끄러운 방에서

해　석 조용한 또는 시끄러운 방에서 중요한 자료들을 읽는 것[읽기 위해]

02

the best way [to get data (from healthy male volunteers)]
형용사적 용법

직독직해 최고의 방법 / 데이터를 얻는 / 건강한 남성 지원자로부터

해　석 건강한 남성 지원자로부터 데이터를 얻는 최고의 방법

03

the necessity [to make a good first impression]
형용사적 용법

직독직해 필요성 / 좋은 첫인상을 만들

해　석 좋은 첫인상을 만들 필요성

04

examining scientific research (on climate change)
명사적 용법

직독직해 과학적 연구를 검토하는 것 / 기후 변화에 대한

해　석 기후 변화에 대한 과학적 연구를 검토하는 것

05

the excitement (of leaving for a foreign country)

직독직해 흥분 / 외국을 향해 떠나는

해　석 외국을 향해 떠나는 흥분

06

the books [containing valuable insights (on leadership)]

직독직해 책 / 귀중한 통찰력을 담은 / 리더십에 대한

해　석 리더십에 대한 귀중한 통찰력을 담은 책

07

Trying to communicate in another person's language is essential to building strong
S　　　　　　　　　　　　　　　　　　　　　　　　　V　SC
relationships (across diverse cultures and backgrounds).

직독직해 다른 사람의 언어로 의사소통하려고 하는 것은 / 중요하다 / 강한 관계를 만드는 데 / 다양한 문화와 배경을 넘어서

문장해석 다른 사람의 언어로 의사소통하려고 하는 것은 다양한 문화와 배경을 넘어서 강한 관계를 만드는 데 중요하다.

08

The failure [to communicate our feelings effectively] can lead to misunderstanding
S　　　　　　형용사적 용법　　　　　　　　　　　　　V　　　　　O₁
and strain (in relationships with others).
O₂

직독직해 실패는 / 우리의 감정을 효과적으로 전달하는 / 초래할 수 있다 / 오해와 긴장을 / 다른 사람들과의 관계에서

문장해석 우리의 감정을 효과적으로 전달하지 못하는 것은 다른 사람들과의 관계에서 오해와 긴장을 초래할 수 있다.

01

(Today) many Native Americans are fighting their problems.
　　S　　　　　　　　　　　V　　　　　O

직독직해 오늘날 / 많은 미국 원주민들은 / 싸우고 있다 / 그들의 문제와

문장해석 오늘날 많은 미국 원주민들은 그들의 문제와 싸우고 있다.

02

(On the other hand), the water (for the fields) is taken from a number of small ponds
　　　　　　　　　　　S　　　　　　　　　V (수동태)　　　　O

or streams.

직독직해 반면에 / 물은 / 밭에 필요한 / 가져온다 / 많은 작은 연못이나 개울에서

문장해석 반면에 밭에 필요한 물은 많은 작은 연못이나 개울에서 가져온다.

03

The TV programs have not affected all of us (in an identical way).
　S　　　　　　　　V　　　　　　　　O

직독직해 TV 프로그램은 / 영향을 미치지 않아 왔다 / 우리 모두에게 / 동일한 방식으로

문장해석 TV 프로그램은 우리 모두에게 동일한 방식으로 영향을 미치지 않아 왔다.

04

(Under the development of science), the lifespan of human has been lengthened.
　　　　　　　　　　　　　　　　　S　　　　　　　　V

직독직해 과학의 발전하에 / 인간의 수명이 / 연장되어 왔다

문장해석 과학의 발전하에 인간의 수명이 연장되어 왔다.

05

(Over the years), various systems (of grading coins) have been developed by antique
　　　　　　　　S　　　　　　　　　　　V

coin specialists.

직독직해 수년에 걸쳐 / 다양한 시스템이 / 동전에 등급을 매기는 / 개발됐다 / 골동품 주화 전문가들에 의해

문장해석 수년에 걸쳐 골동품 주화 전문가들에 의해 동전에 등급을 매기는 다양한 시스템이 개발됐다.

06

Elements of culture can be divided into two categories.
S V O

直讀直解 문화의 요소는 / 나뉠 수 있다 / 두 가지 범주로
文章解釋 문화의 요소는 두 가지 범주로 나뉠 수 있다.

07

Peter had never been (on a blind date) (before), *so* he was (very) nervous *when* he
S V S₁ V₁ SC₁ S₂
(first) dated Jane.
V₂ O₂

直讀直解 Peter는 / 해본 경험이 없다 / 소개팅을 / 이전에 / 그래서 / 그는 무척 긴장했다 / 처음 데이트했을 때 / Jane과
文章解釋 Peter는 이전에 소개팅을 해본 경험이 없어서, 그는 Jane과 처음 데이트했을 때 무척 긴장했다.

08

The cities (themselves) cannot be developed (without the prior development of the
S 재귀대명사(강조) V
rural areas).

直讀直解 도시 / 그 자체는 / 개발될 수가 없다 / 시골 지역의 우선적 발전 없이는
文章解釋 도시 그 자체는 시골 지역의 우선적 발전 없이는 개발될 수가 없다.

09

(During her lifetime), she may (really) have felt like a nobody, *for* few people knew
S V O S V
her (outside of her small hometown).
O

直讀直解 평생 / 그녀는 / 느꼈을지도 모른다 / 보잘것없는 사람으로 / 왜냐하면 / 사람이 거의 없었다 / 아는 / 그녀를 / 그녀의 작은 고향 밖에서는
文章解釋 그녀는 평생 보잘것없는 사람으로 느꼈을지도 모르는데, 그녀의 작은 고향 밖에서는 그녀를 아는 사람이 거의 없었기 때문이다.

10

Mike's (on a business trip), *so* he can't have been (at the meeting).
S V S V

直讀直解 Mike는 / 출장 중이다 / 따라서 / 참석했을 리가 없다 / 그 회의에
文章解釋 Mike는 출장 중이므로 그 회의에 참석했을 리가 없다.

11

cannno have p.p.(강한 추측)

You cannot have felt the earthquake, *for* it was (so) slight.
S   V   O   S V   SC

직독직해 너는 / 느꼈을 리가 없다 / 지진을 / 왜냐하면 / 그것은 / 너무 미미하다

문장해석 지진은 너무 미미해서 너는 그것을 느꼈을 리가 없다.

12

must have p.p. (강한 추측)

The accident must have taken place (on the crosswalk).
S   V

직독직해 그 사건은 / 일어났음에 틀림없다 / 횡단보도에서

문장해석 그 사건은 횡단보도에서 일어났음에 틀림없다.

13

should have p.p.(과거 사실에 대한 유감)

Kelly should have taken the medicine (after her meal), (not before (her meal)).
S   V   O

직독직해 Kelly는 / 먹었어야 했는데 / 그 약을 / 식사 후에 / 식사 전이 아니라

문장해석 Kelly는 식사 전이 아니라, 식사 후에 그 약을 먹었어야 했는데(그런데 그러지 않았다).

14

should have p.p.(과거 사실에 대한 유감)

The radio, the movie, and the airplane should have taught us <**that** technology may be
S   V   IO   DO   S₁   V₁

beneficent but may (also) serve evil purpose>.
SC₁   V₂   O₂

직독직해 라디오, 영화, 비행기는 / 알려줬어야 했는데 / 우리에게 / 기술이 / 이익이 될 수도 있다는 / 하지만 / 사악한 목적 또한 제공할 수도 있다는 것을

문장해석 라디오, 영화, 비행기는 기술이 이익이 될 수도 있지만 사악한 목적 또한 제공할 수도 있다는 것을 우리에게 알려줬어야 했는데(그러지 않았다).

15

Agriculture will continue to develop (in three main ways).
S   V   O

직독직해 농업은 / 계속할 것이다 / 개발되는 것을 / 세 가지 주된 방식으로

문장해석 농업은 세 가지 주된 방식으로 계속 개발될 것이다.

16

You might (first) want to read something (about <**how** the engine operates>).
S   V   O   S   V

직독직해 너는 / 먼저 원할 수도 있다 / 무언가를 읽어 보기를 / 어떻게 엔진이 작동하는지에 관해

문장해석 너는 먼저 어떻게 엔진이 작동하는지에 관해 무언가를 읽어 보기를 원할 수도 있다.

17

(By the year 2030), the area of the earth's forests is expected to diminish (by a fifth).
S   V   SC

직독직해 2030년경 / 지구의 산림 지역은 / 예상된다 / 줄어들 것으로 / 5분의 1가량

문장해석 2030년경 지구의 산림 지역은 5분의 1가량 줄어들 것으로 예상된다.

18

The appreciation of art results in a happier feeling and deeper understanding (of other
S   V   O

people and the world).

직독직해 예술작품 감상은 / 가져온다 / 더 행복한 느낌과 더 깊은 이해를 / 다른 사람들과 세계에 대한

문장해석 예술작품 감상은 더 행복한 느낌과 다른 사람들과 세계에 대한 더 깊은 이해를 가져온다.

UNIT 05 동사를 잡는 법

📖 본서 p. 32

01

(Last year), more than half of the box-office revenues of Japan's movie industry came
S   V

from animations.
O

직독직해 지난해 / 일본 영화산업의 박스오피스 수입의 반 이상이 / 나왔다 / 애니메이션으로부터

문장해석 지난해 일본 영화산업의 박스오피스 수입의 반 이상이 애니메이션으로부터 나왔다.

02

One (of the most remarkable things (about the human mind)) is our ability [to imagine
S   V   SC

the future].

직독직해 하나는 / 가장 놀라운 점 중 / 인간의 정신에 대해서 / 능력이다 / 미래를 상상하는

문장해석 인간의 정신에 대해서 가장 놀라운 점 중 하나는 미래를 상상하는 능력이다.

03

One (of the advantages (of technology)) is its ability [to facilitate communication and
S   V   SC V_1 O_1

connect people (from around the world)].
V_2 O_2

직독직해 기술의 장점 중 하나는 / 그것의 능력이다 / 의사소통을 용이하게 하고 / 사람들을 연결할 수 있는 / 전 세계의

문장해석 기술의 장점 중 하나는 의사소통을 용이하게 하고 전 세계의 사람들을 연결할 수 있는 능력이다.

04

(Indeed), the amount of information [(which is) available to children] is quickening the
S　　　　　　　　　　　　　　　　　　(S관·대 + be동사 생략)　　　　　　　　　　V　　　　O
beginning of adulthood.

직독직해 실제로 / 정보의 양은 / 어린이들이 이용할 수 있는 / 앞당기고 있다 / 성인기의 시작을
문장해석 실제로 어린이들이 이용할 수 있는 정보의 양은 성인기의 시작을 앞당기고 있다.

05

Hundreds of statues of Greek and Roman gods (such as Apollo, Jupiter, and Neptune)
S　　　　　　　　　　　　　　　　　　　　　　　　　　　　　~와 같은 (구전치사)
stood (in the gardens).
V

직독직해 수백 개의 / 그리스와 로마의 신들의 조각상이 / Apollo, Jupiter, Neptune와 같은 / 서 있었다 / 정원에
문장해석 Apollo, Jupiter, Neptune와 같은 수백 개의 그리스와 로마의 신들의 조각상이 정원에 서 있었다.

06

The reason (for the ubiquitous production of light (by the microorganisms of the sea))
S
remains obscure.
V　　　SC

직독직해 이유는 / 어디에서나 빛을 생산하는 / 바다의 미생물이 / 여전히 불분명하다
문장해석 바다의 미생물이 어디에서나 빛을 생산하는 이유는 여전히 불분명하다.

07

The outstanding achievements of African-Americans have been stolen or overlooked,
S　　　　　　　　　　　　　　　　　　　　　　　　　　V 완료시제 수동태　p.p.1　　　　p.p.2
(despite their great significance).

직독직해 아프리카계 미국인의 뛰어난 업적은 / 빼앗기거나 간과되었다 / 그것들의 커다란 의미에도 불구하고
문장해석 아프리카계 미국인의 뛰어난 업적은 그것들의 커다란 의미에도 불구하고 빼앗기거나 간과되었다.

08

The rates of gun homicide and other gun crimes (in the United States) have dropped
S　　　　　　　　　　　　　　　　　　　　　　　　　　　　　　　　　　　　V
(since highs (in the early 1990's)).
~이래로 (전치사)

직독직해 총기 살인과 기타 총기 범죄율은 / 미국 내 / 감소했다 / 최고치를 기록한 이후 / 1990년대 초
문장해석 미국 내 총기 살인과 기타 총기 범죄율은 1990년대 초 최고치를 기록한 이후 감소했다.

09

Many people consider her the most influential social science researcher (of the twentieth century).
S · V · O · OC

> 직독직해 많은 사람이 / 간주한다 / 그녀를 / 가장 영향력 있는 사회과학 연구자라고 / 20세기의
> 문장해석 많은 사람이 그녀를 20세기의 가장 영향력 있는 사회과학 연구자라고 간주한다.

10

A number of gun advocates consider ownership a birthright and an essential part (of the nation's heritage).
S · V · O · OC

> 직독직해 많은 총기 옹호자들은 / 생각한다 / (총기) 소유권은 / 생득권이며 본질적인 부분이라고 / 국가유산의
> 문장해석 많은 총기 옹호자들은 (총기) 소유권은 생득권이며 국가유산의 본질적인 부분이라고 생각한다.

11

(By some estimates), deforestation has resulted in the loss (of as much as eighty percent (of the natural forests of the world)).
S · V · O

> 직독직해 일부 추산에 따르면 / 삼림 벌채로 인해 / 결과가 되었다 / 손실의 / 80퍼센트만큼이나 / 전 세계의 자연 삼림의
> 문장해석 일부 추산에 따르면 삼림 벌채로 인해 전 세계 자연 삼림의 80퍼센트만큼이나 손실되었다.

12

Coffee (with bitter and slightly acidic flavor) has a stimulating effect (on humans), (primarily (due to its caffeine content)).
S · V · O

> 직독직해 커피는 / 쓴맛과 약간의 신맛이 나는 / 활기를 주는 효과가 있다 / 사람에게 / 주로 / 카페인 함량 때문에
> 문장해석 쓴맛과 약간의 신맛이 나는 커피는 주로 카페인 함량 때문에 사람에게 활기를 주는 효과가 있다.

13

Some Australian aborigines can keep (on) changing their name (throughout their life (as the result of some important experience)).
S · V · O

> 직독직해 몇몇 호주 원주민들은 / 계속해서 할 수 있다 / 바꾸는 것을 / 그들의 이름을 / 평생 / 일부 중요한 경험의 결과로써
> 문장해석 몇몇 호주 원주민들은 일부 중요한 경험의 결과로써 그들의 이름을 평생 계속해서 바꿀 수 있다.

14

Would we, (however), prefer to fill the developing minds of our children (with
hundreds of geometry problems or the names (of all the rivers in the world))?

직독직해 우리는 / 그러나 / 선호할까 / 우리 아이들의 발달하는 마음을 채우는 것을 / 수백 가지의 기하학 문제나 세계의 모든 강의 이름으로
문장해석 그러나 우리는 수백 가지의 기하학 문제나 세계의 모든 강의 이름으로 우리 아이들의 발달하는 마음을 채우는 것을 선호할까?

15

Facilities (in the rural areas, (such as transport, health, and education services)),
should be improved (to foster a more positive attitude (to rural life)).

직독직해 시설은 / 농촌 지역의 / 교통, 보건, 교육 서비스와 같은 / 개선해야 한다 / 보다 긍정적인 태도를 키우기 위해 / 농촌 생활에 대한
문장해석 농촌 생활에 대한 보다 긍정적인 태도를 키우기 위해 농촌 지역의 교통, 보건, 교육 서비스와 같은 시설을 개선해야 한다.

16

Rapid progress (in global free trade (under the World Trade Organization)) (virtually)
removes national boundaries (in the flow of money and commodities).

직독직해 급속한 발전은 / 세계 자유 무역의 / 세계무역기구(WTO) 하에서 / 사실상 / 없애준다 / 국가적 경계를 / 돈과 상품의 흐름에서
문장해석 세계무역기구(WTO) 하에서 세계 자유 무역의 급속한 발전은 사실상 돈과 상품의 흐름에서 국가적 경계를 없애준다.

17

The flexible mind of the men (in both countries) makes the difference (between the position
of women (in Korea) and that of women (in the United States)).

직독직해 남성들의 유연한 사고방식이 / 양국의 / 만든다 / 차이를 / 한국 여성의 지위와 미국 여성의 지위 사이의
문장해석 양국 남성들의 유연한 사고방식이 한국 여성의 지위와 미국 여성의 지위 사이의 차이를 만든다.

18

The most widely adopted conceptualization of burnout has been developed by Maslach
and her colleagues (in their studies of human service workers).

직독직해 가장 널리 채택된 번아웃의 개념화는 / 전개되어 왔다 / Maslach와 그녀의 동료들에 의해 / 인적 서비스 근로자들에 대한 연구에서
문장해석 가장 널리 채택된 번아웃의 개념화는 Maslach와 그녀의 동료들에 의해 인적 서비스 근로자들에 대한 연구에서 전개되어 왔다.

19

Institutions (such as Indiana University Bloomington) offer automatic awards (to high-
<u>S</u>   <u>V</u>   <u>O</u>
performing students (with good GPAs and class ranks)).

직독직해 기관들은 / Indiana University Bloomington과 같은 / 수여한다 / 자동적으로 따라오는 장학금을 / 성취도가 높은 학생들에게 / 우수한 평점과 학급 석차를 가진

문장해석 Indiana University Bloomington과 같은 기관들은 우수한 평점과 학급 석차를 가진 성취도가 높은 학생들에게 자동적으로 따라오는 장학금을 수여한다.

20

Some companies offered all students online teaching alternatives (instead of classroom
<u>S</u>   <u>V</u>   <u>IO</u>   <u>DO</u>   ~ 대신에
teaching (due to the risk of infection of the coronavirus)).
    ~ 때문에

직독직해 일부 회사들은 / 제공했다 / 모든 학생에게 / 온라인 강의 대체 방안을 / 교실 수업 대신에 / 코로나바이러스의 감염 위험 때문에

문장해석 일부 회사들은 코로나바이러스의 감염 위험 때문에 모든 학생에게 교실 수업 대신에 온라인 강의 대체 방안을 제공했다.

21

A hamburger and French fries became the typical American meal (in the 1950s),
<u>S</u>   <u>V</u>   <u>SC</u>
(thanks to the promotional efforts (of the fast food chains)).
   ~덕분에, 때문에

직독직해 햄버거와 감자튀김은 / 되었다 / 전형적인 미국식 식사가 / 1950년대에 / 패스트푸드 가맹점의 홍보 노력 덕분에

문장해석 패스트푸드 가맹점의 홍보 노력 덕분에 햄버거와 감자튀김은 1950년대에 전형적인 미국식 식사가 되었다.

22

(However), elevated levels and/or long-term exposure (to air pollution) can lead to more
       <u>S</u>   <u>V</u>   <u>O</u>
serious symptoms and conditions [affecting human health].

직독직해 그러나 / 높은 수준 및 또는 장기간의 노출은 / 대기 오염에 / 초래할 수 있다 / 더 심각한 증상과 상태를 / 인간의 건강에 영향을 미치는

문장해석 그러나 높은 수준 및 또는 대기 오염에 장기간 노출은 인간의 건강에 영향을 미치는 더 심각한 증상과 상태를 초래할 수 있다.

23

The decline (in the number of domestic adoptions (in developed countries)) is (mainly)
<u>S</u>   <u>V</u>
the result (of a falling supply (of (domestically) adoptable children)).
<u>SC</u>

직독직해 감소는 / 국내 입양 건수의 / 선진국에서 / 이다 / 주로 / 결과 / 국내에서 입양할 수 있는 아동의 공급이 하락한

문장해석 선진국에서 국내 입양 건수의 감소는 주로 국내에서 입양할 수 있는 아동의 공급이 하락한 결과이다.

24

The pleasures of contact (with the natural world) are available to anyone [who will
place himself (under the influence (of a lonely mountain top) or the stillness (of a
forest))].

직독직해 접촉의 즐거움은 / 자연 세계와의 / 이용 가능하다 / 누구에게나 / 자신을 놓는 / 인적이 드문 산꼭대기나 / 숲의 고요함의 영향하에

문장해석 자연 세계와의 접촉의 즐거움은 자신을 인적이 드문 산꼭대기나 숲의 고요함의 영향 하에 놓는 사람이라면 누구나 이용 가능하다.

25

Workers (in manufacturing jobs) are likely to suffer serious health problems (as a result
of the noise, or the stress (of being paced by mechanical requirements of the assembly
line)).

수동태 동명사

직독직해 근로자들은 / 제조업에 있는 / 심각한 건강상의 문제를 겪을 것 같다 / 소음의 결과로 / 또는 스트레스 / 조립 라인의 기계적 필요조건을
맞추어야 하는

문장해석 제조업 근로자들은 소음이나 조립 라인의 기계적 필요조건을 맞추어야 하는 스트레스의 결과로 심각한 건강상의 문제를 겪을 것 같다.

26

spend+시간+RVing: ~하는 데 시간을 보내다   의문사+to+RV – 명사구
We need to spend less time (in) teaching children what to learn, and more time (in)
teaching children how to learn.
(동명사)   IO₂   DO₂ how to+RV: ~하는 방법

직독직해 우리는 / 쓸 필요가 있다 / 보다 적은 시간을 / 아이들에게 무엇을 배워야 하는지 가르치는 데 / 더 많은 시간을 / 아이들에게 배우는 방법
을 가르치는 데

문장해석 우리는 아이들에게 무엇을 배워야 하는지 가르치는 데 보다 적은 시간을, 아이들에게 배우는 방법을 가르치는 데 더 많은 시간을 쓸 필요가
있다.

01

The movie convinced me <**that** I had (still) loved him>.
S / V / IO / DO / S / V / O

직독직해 그 영화는 / 확신시켰다 / 나에게 / 내가 여전히 그를 사랑한다는 것을

문장해석 그 영화는 내가 여전히 그를 사랑한다는 것을 나에게 확신시켰다.

02

The doctor informed her <**that** her baby had a special disease>.
S / V / IO / DO / S / V / O

직독직해 그 의사는 / 알렸다 / 그녀에게 / 그녀의 아기가 특수한 질병에 걸렸다는 것을

문장해석 그 의사는 그녀의 아기가 특수한 질병에 걸렸다는 것을 그녀에게 알렸다.

03

I promise you <**that** the same quality of service will be maintained (irrespective of external factors)>.
S / V / IO / DO / S / V

직독직해 나는 / 당신에게 약속한다 / 동일한 서비스 품질이 / 유지될 것을 / 외부 요인과 관계없이

문장해석 나는 외부 요인과 관계없이 동일한 서비스 품질이 유지될 것을 당신에게 약속한다.

04

The boss asked me <**if** the project could be completed (by next week's deadline)>.
S / V / IO / DO / S / V

직독직해 상사가 / 물었다 / 내게 / 프로젝트가 / 완료될 수 있는지를 / 다음 주 마감일까지

문장해석 상사가 내게 프로젝트가 다음 주 마감일까지 완료될 수 있는지를 물었다.

05

The teacher told the students <**what** they needed to study (for the upcoming exam)>.
S / V / IO / DO / S / V / O

직독직해 선생님이 / 말했다 / 학생들에게 / 그들이 / 무엇을 공부해야 하는지 / 다가오는 시험을 위해

문장해석 선생님이 학생들에게 다가오는 시험을 위해 그들이 무엇을 공부해야 하는지 말했다.

06

The presentation [S] showed [V] investors [IO] <**when** the market conditions [S] would be [V] most [SC] favorable>.

직독직해 그 발표는 / 보여 주었다 / 투자자들에게 / 언제 시장 상황이 / 가장 유리할지를

문장해석 그 발표는 투자자들에게 언제 시장 상황이 가장 유리할지를 보여 주었다.

07

The teacher [S] showed [V] the students [IO] when to apply the grammar rules (in writing essays) [DO (의문사+ to+RV – 명사구)].

직독직해 선생님은 / 보여 주었다 / 학생들에게 / 언제 적용할지 / 문법 규칙을 / 작문을 쓸 때

문장해석 선생님은 학생들에게 작문을 쓸 때 언제 문법 규칙을 적용할지를 보여 주었다.

08

The accident (in 1986 at Chernobyl) [S] reminded [V] the world [IO] <**that** it [가S] is [V] very important [SC] to use nuclear power (responsibly) [진S]>.

직독직해 사고는 / 1986년 체르노빌에서의 / 상기시켰다 / 전 세계에 / 매우 중요하다는 것을 / 원자력을 책임감 있게 사용하는 것이

문장해석 1986년 체르노빌 사고는 원자력을 책임감 있게 사용하는 것이 매우 중요하다는 것을 전 세계에 상기시켰다.

09

Governments [S] should (continuously) remind [V] themselves [IO] <**that** medium-term recovery efforts [S] can stop [V] droughts [O] from turning into famines [OC]>.

직독직해 정부는 / 계속 스스로에게 상기시켜야 한다 / 중단기적인 회복 노력이 / 막을 수 있다는 점을 / 가뭄이 기근으로 변하는 것을

문장해석 정부는 중단기적인 회복 노력이 가뭄이 기근으로 변하는 것을 막을 수 있다는 점을 계속 스스로에게 상기시켜야 한다.

10

The professor [S] showed [V] the class [IO], (through practical examples and case studies), <**how** economic theories [S] apply [V] (in real-world scenarios)> [DO].

직독직해 교수는 / 보여 주었다 / 학급 학생들에게 / 실제 사례와 사례 연구를 통해 / 경제 이론이 어떻게 적용되는지 / 실제 시나리오에

문장해석 교수는 실제 사례와 사례 연구를 통해 경제 이론이 실제 시나리오에 어떻게 적용되는지 학급 학생들에게 보여 주었다.

11

(After a progressive program [to teach the kids to wash their hands properly (several
               V   IO   DO
times during the day)]), their understanding of the importance of handwashing has
                     S   V
increased.

> **직독직해** 점진적인 프로그램 이후 / 아이들에게 가르치는 / 손을 제대로 씻는 법을 / 하루 동안 여러 번 / 손 씻기의 중요성에 대한 아이들의 이해가 / 높아졌다

> **문장해석** 아이들에게 하루 동안 여러 번 손을 제대로 씻는 법을 가르치는 점진적인 프로그램 이후, 손 씻기의 중요성에 대한 아이들의 이해가 높아졌다.

UNIT 07 지각동사/사역동사/준사역동사

📖 본서 p. 41

01

I watched a man (on the Metro) try to get off the train and fail.
S V   O   OC₁   OC₂

> **직독직해** 나는 / 보았다 / 한 남자가 / 지하철에서 / 내리려다가 실패하는 것을
> **문장해석** 나는 지하철에서 한 남자가 기차에서 내리려다가 실패하는 것을 보았다.

02

He heard the news anchor report the latest updates (on the situation).
S V   O   OC

> **직독직해** 그는 / 들었다 / 뉴스 진행자가 / 보도하는 것을 / 최신 정보를 / 그 상황에 대한
> **문장해석** 그는 뉴스 진행자가 그 상황에 대한 최신 정보를 보도하는 것을 들었다.

03

He saw the old bridge rebuilt (with sturdy materials) by the construction workers.
S V   O   OC   by + 행위자

> **직독직해** 그는 / 보았다 / 오래된 다리가 / 튼튼한 자재로 재건되는 것을 / 건설 노동자들에 의해
> **문장해석** 그는 오래된 다리가 건설 노동자들에 의해 튼튼한 자재로 재건되는 것을 보았다.

04

The teacher made her students finish their homework (before leaving the classroom).
   S   V   O   OC

> **직독직해** 선생님은 / 했다 / 그녀의 학생들이 / 숙제를 끝마치도록 / 교실을 나가기 전에
> **문장해석** 선생님은 학생들이 교실을 나가기 전에 숙제를 끝마치도록 했다.

05

The school had its playground renovated (for the students' safety).
S   V   O   OC

> 직독직해 학교는 / 했다 / 그것의 운동장을 / 보수되게 / 학생들의 안전을 위해
>
> 문장해석 학교는 학생들의 안전을 위해 학교 운동장을 보수했다.

06

I can't make myself understood (in English).
S V   O   OC

cf His explanation made me understand <**what** he had said before>.
S   V   O   OC

> 직독직해 나는 / 할 수 없다 / 나 자신을 / 영어를 이해하도록
> cf. 그의 설명은 / 했다 / 내가 / 이해하도록 / 그가 이전에 말했던 것을
>
> 문장해석 나는 나 자신을 영어를 이해하게 할 수 없다.
> cf. 그의 설명은 그가 이전에 말했던 것을 나에게 이해시켰다.

07

He helped me move all the furniture (into my new apartment).
S   V   O   OC

> 직독직해 그는 / 도와줬다 / 내가 / 가구를 모두 옮기는 것을 / 새 아파트로
>
> 문장해석 그는 내가 가구를 모두 새 아파트로 옮기는 것을 도와줬다.

08

I need to get my project finished (by the end of this week).
S V   O   OC

> 직독직해 나는 / 해야 한다 / 내 프로젝트를 / 완료되도록 / 이번 주말까지
>
> 문장해석 나는 이번 주말까지 내 프로젝트를 완료해야 한다.

09

Many people got us to participate in the community cleanup event (last Saturday
S   V   O   OC
morning).

> 직독직해 많은 사람들이 / 시켰다 / 우리가 / 지역사회 청소 행사에 참여하도록 / 지난 토요일 아침에
>
> 문장해석 많은 사람들이 지난 토요일 아침에 지역사회 청소 행사에 우리를 참여시켰다.

10

Reading stories and poetry, (for instance), can help us (to) understand and (to) improve
our own situations.
understand와 improve의 공통 목적어

직독직해 이야기와 시를 읽는 것은 / 예를 들어 / 도움이 될 수 있다 / 우리가 / 이해하고 개선하는 것을 / 자신의 상황을

문장해석 예를 들어 이야기와 시를 읽는 것은 우리가 자신의 상황을 이해하고 개선하는 데 도움이 될 수 있다.

11

Even if the efforts [to make the world (around you) change] do not come true, don't
be frustrated.

직독직해 노력이 / 당신 주변의 세상을 달라지게 만들려는 / 이루어지지 않더라도 / 좌절하지 마라

문장해석 당신 주변의 세상을 달라지게 만들려는 노력이 이루어지지 않더라도 좌절하지 마라.

12

Many coaches have (often) seen highly talented young athletes fail in their performances
(due to a lack of mental abilities).

직독직해 많은 코치들은 / 종종 목격했다 / 재능이 뛰어난 젊은 운동선수들이 / 경기력이 떨어지는 것을 / 정신적 능력 부족으로 인해

문장해석 많은 코치들은 재능이 뛰어난 젊은 운동선수들이 정신적 능력 부족으로 인해 경기력이 떨어지는 것을 종종 목격했다.

13

People should not hesitate to contact the police *if* they've noticed anyone acting
(suspiciously).

직독직해 사람들은 / 주저하지 말아야 한다 / 경찰에 연락하는 것을 / 그들이 / 발견한다면 / 사람을 / 의심스러운 행동을 하는

문장해석 의심스러운 행동을 하는 사람을 발견하면 주저하지 말고 경찰에 연락해야 한다.

14

(In a survey [published earlier this year]), seven out of ten parents said <**that** they
would never let their children play (with toy guns).

직독직해 설문조사에 따르면 / 올해 초 발표된 / 부모 10명 중 7명은 / 말했다 / 그들은 / 절대 놔두지 않을 것이라고 / 자녀가 놀도록 / 장난감 총을 가지고

문장해석 올해 초 발표된 설문조사에 따르면 부모 10명 중 7명은 자녀가 장난감 총을 가지고 놀도록 절대 놔두지 않을 것이라고 말했다.

15

Tory Higgins and his colleagues had university students read a personality description
S · V · O · OC
(of someone) and (then) summarize it (for someone else) [who was believed
S관·대 · V
either A or B: A이거나 B인
either to like or to dislike this person].
SC

[직독직해] Tory Higgins와 그의 동료들은 / 했다 / 대학생에게 / 어떤 사람의 성격 설명을 읽은 다음 그것을 요약하도록 / 다른 사람을 위해 / 그 사람을 좋아하거나 싫어한다고 생각되는

[문장해석] Tory Higgins와 그의 동료들은 대학생들에게 어떤 사람의 성격 설명을 읽은 다음, 그것을 그 사람을 좋아하거나 싫어한다고 생각되는 다른 사람을 위해 요약하도록 했다.

UNIT 08 COREAFP 동사

📖 본서 p. 45

01

The poor harvest caused prices to rise (sharply).
S · V · O · OC

[직독직해] 부족한 수확량은 / 원인이 되었다 / 가격이 / 급상승하게 되는

[문장해석] 부족한 수확량은 가격이 급상승하게 되는 원인이 되었다.

02

All assignments are expected to be turned in (on time).
S · V · SC

[직독직해] 모든 과제는 / 예상된다 / 제출될 것으로 / 제때에

[문장해석] 모든 과제는 제때에 제출될 것으로 예상된다.

03

Rainy season forced the travelers to spend most of the vacation (indoors).
S · V · O · OC

[직독직해] 장마철은 / 했다 / 여행자들이 / 휴가 대부분을 보내도록 / 실내에서

[문장해석] 장마철은 여행자들이 휴가 대부분을 실내에서 보내도록 했다.

04

Unexpectedly poor sales have forced the company to postpone planned wage increases
S · V · O · OC
(indefinitely).

[직독직해] 예상치 못한 판매 부진으로 / 했다 / 회사는 / 계획된 임금 인상을 연기해야 / 무기한

[문장해석] 예상치 못한 판매 부진으로 회사는 계획된 임금 인상을 무기한 연기해야 했다.

05

Team members are being asked to postpone any vacations *until* the entire project has
S   V   SC   S   V
been completed.

직독직해 팀원들은 / 요청받고 있다 / 휴가를 연기하도록 / 때까지 / 전체 프로젝트가 / 완료될
문장해석 팀원들은 전체 프로젝트가 완료될 때까지 휴가를 연기하도록 요청받고 있다.

06

A vacation policy [allowing employees to take unlimited time off] sounds unreasonable
S   V   O   OC   V   SC
take+명사+off / take off +명사 / take+대명사+off
(for any company).

직독직해 휴가 정책은 / 직원들에게 무제한으로 휴가를 내도록 허가하는 / 들린다 / 비합리적인 소리로 / 어느 회사에도
문장해석 직원들에게 무제한으로 휴가를 내도록 허가하는 휴가 정책은 어느 회사에도 비합리적인 소리로 들린다.

07

(To encourage people to stay in rural areas), the government should provide more
to 부정사(목적) V   O   OC   S   V   O
comfortable facilities (such as health and education services).

직독직해 장려하기 위해 / 사람들이 / 농촌 지역에 머물도록 / 정부는 / 제공해야 한다 / 더 많은 편의 시설을 / 보건, 교육 서비스와 같은
문장해석 사람들이 농촌 지역에 머물도록 장려하기 위해서 정부는 보건, 교육 서비스와 같은 더 많은 편의 시설을 제공해야 한다.

08

All airlines (in Brazil) (currently) permit all passengers to check in two pieces of
S   V   O   OC
baggage (on international flights (to and from the country)).

직독직해 모든 항공사는 / 브라질의 / 현재 / 허용하고 있다 / 모든 승객이 / 부치는 것을 / 수하물 두 개를 / 국제선 항공편에서 / 브라질을 오가는
문장해석 브라질의 모든 항공사는 현재 모든 승객이 브라질을 오가는 국제선 항공편에서 수하물 두 개를 부치는 것을 허용하고 있다.

09

The uncertain economic condition (of recent years) has caused union and management
S   V   O
representatives to explore many ways (of handling labor problems).
             OC

직독직해 최근 몇 년간의 불확실한 경제 상황은 / 원인이 되었다 / 노조와 경영진 대표들이 / 모색하는 / 다양한 방법을 / 노동 문제를 처리하는
문장해석 최근 몇 년간의 불확실한 경제 상황은 노조와 경영진 대표들이 노동 문제를 처리하는 다양한 방법을 모색하는 원인이 되었다.

10

An increased awareness (of the effects of plastic bags) has caused many states and
<u>S</u>   <u>V</u>   <u>O</u>

countries to implement plastic bag-related legislation.
                  <u>OC</u>

> 직독직해 비닐봉지의 영향에 대한 높아진 인식은 / 원인이 되었다 / 많은 주와 국가가 / 시행하는 / 비닐봉지 관련 법안을
> 문장해석 비닐봉지의 영향에 대한 높아진 인식은 많은 주와 국가에서 비닐봉지 관련 법안을 시행하게 되는 원인이 되었다.

11

This telecom company has been a global pioneer of mobile phone banking, enabling
<u>S</u>   <u>V</u>   <u>SC</u>   <u>V</u>

people to transfer money (with a minimum of fuss).
<u>O</u>   <u>OC</u>

> 직독직해 이 통신 회사는 / 모바일 폰 뱅킹의 세계적인 개척자였다 / 그러면서 가능하게 했다 / 사람들이 / 돈을 이체하는 것을 / 최소한의 불편을
> 겪으면서
> 문장해석 이 통신 회사는 사람들이 최소한의 불편을 겪으면서 돈을 이체할 수 있도록 하는 모바일 폰 뱅킹의 세계적인 개척자였다.

12

Small farmers have (actually) been compelled to switch to organic production *because*
<u>S</u>   <u>V</u>   <u>SC</u>

they cannot afford chemical fertilizers.
<u>S</u>   <u>V</u>   <u>O</u>

> 직독직해 소규모 농민들은 / 실제로 하지 않을 수 없었다 / 전환하는 것을 / 유기농 생산으로 / 왜냐하면 / 그들은 / 살 여유가 없었다 / 화학비료를
> 문장해석 소규모 농민들은 화학비료를 살 여유가 없어서 실제로 유기농 생산으로 전환할 수밖에 없었다.

UNIT 09 분리·박탈/인지/제공/금지·억제 동사   본서 p. 49

01

Adults have deprived a lot of children of a normal home life.
<u>S</u>   <u>V</u>   <u>IO</u>   <u>DO의 일종</u>

> 직독직해 어른들은 / 빼앗았다 / 많은 아이에게서 / 평범한 가정생활을
> 문장해석 어른들은 많은 아이에게서 평범한 가정생활을 빼앗았다.

02

Because society has deprived women of many equal rights, feminists have fought for
          <u>S</u>   <u>V</u>   <u>IO</u>   <u>DO의 일종</u>   <u>S</u>   <u>V</u>

equality.
<u>O</u>

> 직독직해 왜냐하면 / 사회가 / 빼앗았기 때문이다 여성들로부터 / 많은 동등한 권리를 / 페미니스트들은 / 싸워 왔다 / 평등을 위해
> 문장해석 사회가 여성들로부터 많은 동등한 권리를 빼앗았기 때문에 페미니스트들은 평등을 위해 싸워 왔다.

03

The cyber-attack stripped the company of sensitive data and confidential information.
S   V   IO   DO의 일종

직독직해 사이버 공격이 / 빼앗았다 / 회사에게서 / 민감한 데이터와 기밀 정보를

문장해석 사이버 공격이 회사에게서 민감한 데이터와 기밀 정보를 빼앗았다.

04

The dictator's oppressive regime stripped the people (in the society) of their basic
S   V   IO   DO의 일종
human rights and freedoms.

직독직해 그 독재자의 억압적인 정권은 / 빼앗았다 / 그 사회의 사람들에게서 / 기본적인 인권과 자유를

문장해석 그 독재자의 억압적인 정권은 그 사회의 사람들에게서 기본적인 인권과 자유를 빼앗았다.

05

The lecture provided him with an opportunity [to meet one of his heroes].
S   V   IO   DO의 일종

직독직해 그 강의는 / 제공했다 / 그에게 / 기회를 / 그의 영웅 중 한 명을 만나 볼

문장해석 그 강의는 그에게 그의 영웅 중 한 명을 만나 볼 기회를 제공했다.

06

The Korean government presented coach Guus Hiddink with honorary citizenship and
S   V   IO   DO의 일종
a passport.

직독직해 한국 정부는 / 수여했다 / Guus Hiddink 감독에게 / 명예 시민권과 여권을

문장해석 한국 정부는 Guus Hiddink 감독에게 명예 시민권과 여권을 수여했다.

07

An informer supplied the police with the names of those [involved in the crime].
S   V   IO   DO의 일종

직독직해 한 정보원이 / 제공했다 / 경찰에게 / 사람들의 이름을 / 그 범죄에 연루된

문장해석 한 정보원이 경찰에게 그 범죄에 연루된 사람들의 이름을 제공했다.

08

The teacher kept the students from talking (during the exam) (to maintain a quiet testing
environment).
S   V   O   OC   to 부정사(목적)

직독직해 선생님은 / 못 하게 했다 / 학생들이 / 이야기하는 것을 / 시험 중 / 조용한 시험 환경을 유지하기 위해
문장해석 선생님은 조용한 시험 환경을 유지하기 위해 시험 중 학생들이 이야기하는 것을 못 하게 했다.

09

The company policy prohibits employees from accessing certain websites (during
S   V   O   OC
work hours).

직독직해 그 회사 정책은 / 금지한다 / 직원들이 / 특정 웹사이트에 접속하는 것을 / 근무 시간 중
문장해석 그 회사 정책은 직원들이 근무 시간 중 특정 웹사이트에 접속하는 것을 금지한다.

10

Ignorance and superstition (about law and legal process) prevent some members from
S   V   O   OC
benefiting (from a modern civil system of justice).

직독직해 무지와 미신은 / 법과 법률 절차에 대한 / 막는다 / 일부 구성원이 / 현대 시민 사법 제도의 득을 보는 것을
문장해석 법과 법적 절차에 대한 무지와 미신은 일부 구성원이 현대 사법 제도의 득을 보는 것을 막는다.

11

The smell (of (freshly) baked cakes) (always) reminds me of my grandmother's kitchen.
S   V   IO DO의 일종

직독직해 냄새는 / 갓 구운 케이크의 / 항상 생각나게 한다 / 내게 / 할머니의 부엌을
문장해석 갓 구운 케이크 냄새는 내게 항상 할머니의 부엌을 생각나게 한다.

12

Another effective way [to track and notify customers of their e-commerce orders] is
S   V1   V2   IO2   DO2의 일종   V
to use email and SMS notifications.
SC

직독직해 또 다른 효과적인 방법은 / 고객에게 전자상거래 주문을 추적하고 알리는 / 이다 / 이메일 및 문자 메시지(SMS) 알림을 사용하는 것
문장해석 고객에게 전자상거래 주문을 추적하고 알리는 또 다른 효과적인 방법은 이메일 및 문자 메시지(SMS) 알림을 사용하는 것이다.

2 절 해석법

본서 p. 54

UNIT 10 관계대명사

01

One (of his major achievements) was rebuilding Kyongbok Palace [which was burnt down (during the Japanese invasion in 1592).
　S　　　　　　　　　　　　　　V　　SC (동명사)　　　　　　　　　　　　　S관·대　　V

직독직해 하나는 / 그의 주요 업적 중 / 것이다 / 경복궁을 재건한 / 그런데 그 경복궁은 소실되었다 / 1592년 임진왜란 때

문장해석 그의 주요 업적 중 하나는 1592년 임진왜란 때 소실된 경복궁을 재건한 것이다.

02

The company (now) hears (from roughly 10 couples (a day)) [who met online and are (now) planning a wedding].
　S　　　　　　　V　　　　　　　　　　　　　　　　　　　　　　S관·대　V1　　　　　　V2　　　　　　　　　　O

직독직해 회사에서는 / 현재 소식을 듣고 있다 / 하루에 약 10쌍의 커플들로부터 / 그런데 그 커플들은 / 온라인에서 만나 결혼을 계획하고 있다

문장해석 회사에서는 현재 하루에 온라인에서 만나 결혼을 계획하고 있다는 약 10쌍의 커플로부터 소식을 듣고 있다.

03

The movie, [which I watched (last weekend)], had an unexpected plot twist [that kept me (on the edge of my seat)].
　S　　　　O관·대　S　V1　　　　　　　　　　V　　O　　　　　　　　　　　　　S관·대　V2　　O

직독직해 영화는 / 내가 본 / 지난 주말에 / 있었다 / 예상치 못한 줄거리 반전이 / 그런데 그 줄거리 반전은 나를 계속 매료시켰다

문장해석 내가 지난 주말에 본 영화는 나를 계속 매료시킨 예상치 못한 줄거리 반전이 있었다.

04

(To keep out evil spirits), they hang a rope of straw [which stands for happiness and good luck], (across the front of their houses).
　to 부정사(목적)　　　　　　S　V　　O　　　　　S관·대　V　　　　O

직독직해 악귀를 쫓기 위해 / 사람들은 / 걸어 놓는다 / 짚으로 만든 밧줄을 / 그런데 그것은 행복과 행운을 상징한다 / 집 앞에

문장해석 사람들은 악귀를 쫓기 위해 행복과 행운을 상징하는 짚으로 만든 밧줄을 집 앞에 걸어 놓는다.

05

There <u>are</u> <u>many organizations</u> [<u>whose</u> <u>sole purpose</u> <u>is</u> <u>to help mentally retarded</u>
    V   S   소유격 관·대   S   V   SC
<u>children</u>].

직독직해 있다 / 기관들이 많이 / 그런데 그 기관의 유일한 목적은 / 지적장애 아동을 돕는 것이다
문장해석 지적장애 아동을 돕는 것을 유일한 목적으로 하는 기관들이 많이 있다.

06

(From time to time) <u>we</u> <u>must look up</u> <u>words</u> [<u>whose</u> <u>meanings</u> <u>we</u> <u>do not know</u>].
                          S   V   O   소유격 관·대 O   S   V

직독직해 때때로 / 우리는 / 찾아보아야 한다 / 단어들을 / 그런데 그 의미는 우리들은 모른다
문장해석 때때로 우리는 우리가 그 의미를 모르는 단어들을 찾아보아야 한다.

07

<u>I</u> <u>approached</u> <u>the tree</u> [<u>in which</u> <u>many soldiers</u> <u>had been hanged</u> (in the war)].
S V   O   전O관·대 S   V

직독직해 나는 / 다가갔다 / 나무에 / 그런데 그 나무에서 많은 군인이 목 매달렸었다 / 전쟁에서
문장해석 나는 전쟁에서 많은 군인이 목 매달렸던 나무에 다가갔다.

08

<u>This wind</u> <u>has traveled</u> (from the North Pole) [<u>toward which</u> <u>I</u> <u>am going</u>].
S   V   전O관·대   S V

직독직해 그 바람은 / 이동했다(불어왔다) / 북극에서 / 그런데 그 북극을 향해 내가 가고 있다
문장해석 그 바람은 내가 향해서 가고 있는 북극에서 이동했다(불어왔다).

09

<u>I</u> <u>have</u> <u>two favorite hobbies</u>: <u>painting</u> and <u>gardening</u>, [<u>both</u> <u>of which</u> <u>allow</u> <u>me</u> <u>to</u>
S V   O   동격   S   전O관·대 V   O OC
<u>express my creativity</u> and (to) <u>connect with nature</u> (in meaningful ways)].

직독직해 나는 / 가지고 있다 / 두 가지 좋아하는 취미를 / 그림 그리기와 정원 가꾸기라는 / 그런데 그 둘은 / 해준다 / 내가 / 창의성을 표현하고 /
자연과 연결될 수 있게 / 의미 있는 방식으로
문장해석 나는 그림 그리기와 정원 가꾸기라는 두 가지 좋아하는 취미를 가지고 있는데, 둘 다 내 창의성을 표현하고 의미 있는 방식으로 자연과
연결될 수 있게 해준다.

10

(Similarly), corn (in Latin America) is (traditionally) ground or soaked with limestone,
S · V1(수동태) · V2수동태
[which makes available a B vitamin (in the corn)], [the absence of which would
S관·대 · V1 · OC1 · O1 · S2 · 전S관·대 · V2
(otherwise) lead to a deficiency disease].
O2

직독직해 마찬가지로 / 라틴 아메리카의 옥수수는 / 전통적으로 / 석회석으로 빻아지거나 석회석이 스며들도록 한다 / 그런데 그것은 옥수수의 비타민 B를 만들어주는데 / 그 비타민 B의 결핍은 / 그렇게 하지 않으면 / 결핍증으로 이어질 수 있다

문장해석 마찬가지로 라틴 아메리카의 옥수수는 전통적으로 옥수수의 비타민 B를 만들어주는 석회석으로 빻아지거나 석회석이 스며들도록 하는데, 그렇게 하지 않으면 비타민 B의 결핍이 결핍증으로 이어질 수 있다.

11

Not knowing what to do, I climbed up (to the top of a tall tree), [from which I looked
S · V · 전O관·대 · S1 V1
around (to see <if I could discover anything [that could give me hope]>)].
to 부정사(목적) · S2 V2 · O2 · S관·대 V3 · IO3 DO3

직독직해 어찌할 바를 모른다 / 그런 나는 / 올라갔다 / 큰 나무 꼭대기에 / 그런데 그 꼭대기에서 나는 알아보려고 둘러보았다 / 혹시 내가 찾을 수 있을지 / 무언가를 / 나에게 희망을 줄 만한

문장해석 나는 어찌할 바를 모르고 큰 나무 꼭대기에 올라가서, 혹시 나에게 희망을 줄 만한 것을 찾을 수 있을지 둘러보았다.

12

The concept (of this connection between smell and health) has created a huge aroma
S · V · O
therapy industry, [which puts scented oils (into everything) (from shaving cream to
S관·대 · V · O
candles, from shampoo to lipstick).

직독직해 개념은 / 냄새와 건강 사이의 연관성에 대한 / 탄생시켰다 / 거대한 아로마 테라피 산업을 / 그런데 그 산업에서는 모든 것에 향유를 첨가한다 / 면도 크림부터 양초 / 샴푸부터 립스틱까지

문장해석 냄새와 건강 사이의 연관성에 대한 개념은 면도 크림부터 양초, 샴푸부터 립스틱까지 모든 것에 향유를 첨가하는 거대한 아로마 테라피 산업을 탄생시켰다.

13

(In fact), the movie business and the athletic world are full of intelligent, educated,
S · V · O
and informed men and women [who are interested and involved in a wide variety of
S관·대 · V · O
activities and causes.

직독직해 사실 / 영화 사업계와 체육계에는 / 가득하다 / 지적이며, 교양 있고, 박식한 남성과 여성이 / 그런데 그 사람들은 관심을 두고 참여한다 / 다양한 활동과 대의명분에

문장해석 사실 영화 사업계와 체육계에는 다양한 활동과 대의명분에 관심을 두고 참여하는 지적이며, 교양 있고, 박식한 남성과 여성이 가득하다.

01

They lived (near the shore [where there were many shells]).
S   V   관.부   V   S

직독직해 그들은 / 살았다 / 해안 근처에서 / 그런데 그 해안에서 조개껍질이 많이 있었다

문장해석 그들은 조개껍질이 많이 있는 해안 근처에서 살았다.

02

There are two very short periods (each year) [when climbing is possible].
V   S   관.부 S   V   SC

직독직해 있다 / 아주 짧은 기간이 두 번 / 매년 / 그런데 그때 등산이 가능하다

문장해석 매년 등산이 가능한 아주 짧은 기간이 두 번 있다.

03

We managed to find a couple of benches [where (we thought) we could spend the rest
S   V   O   관.부   삽입절   S   V   O
of the night.

직독직해 우리는 / 찾아냈다 / 벤치 몇 개를 / 그런데 그 벤치에서 우리는 보낼 수 있을 거라고 생각했다 / 남은 밤을

문장해석 우리는 우리가 남은 밤을 보낼 수 있을 거라고 생각한 벤치 몇 개를 찾아냈다.

04

(Clearly), modern societies are facing a major change (into a new economic system)
S   V   O
[where human resourcefulness counts far more than natural resources].
관.부   S   V   비교대상

직독직해 분명히 / 현대 사회는 / 직면해 있다 / 큰 변화에 / 새로운 경제 체계로의 / 그런데 그 체계에서는 인적 자원이 중요하다 / 천연자원보다 훨씬 더

문장해석 분명히 현대 사회는 천연자원보다 인적 자원이 풍부한 것이 훨씬 더 중요한 새로운 경제 체계로의 큰 변화에 직면해 있다.

05

I (still) remember the awesome feeling [(that) I had (on that day (in May)) [when my
S   V   O   O관.대 생략 S1 V1   관.부 S2
little feet carried me (up the stairs into the grandstands at the car racing stadium)]].
V2   O2

직독직해 나는 / 아직도 / 기억한다 / 엄청난 느낌을 / 그런데 그 느낌은 내가 5월의 그날에 느꼈다 / 그런데 그 날 내 작은 발이 / 이끌었다 / 나를 / 관람석으로 올라가는 계단으로 / 자동차 경주장의

문장해석 나는 내 작은 발이 나를 자동차 경주장의 관람석으로 올라가는 계단으로 이끌었던 5월의 그날에 느꼈던 엄청난 느낌을 아직도 기억한다.

06

Climate change has narrowed the range [where bumblebees are found (in North America and Europe) (in recent decades)], (according to a recent study, [published in the journal *Science*]).

관.부 (under "where"), 구 전치사 (under "according to"), S V O S V markers

직독직해 기후 변화로 인해 / 좁아졌다 / 범위가 / 그런데 그 범위에서 호박벌이 발견되었다 / 북미와 유럽에서 / 최근 수십 년 동안 / 최근 연구에 따르면 / <Science>지에 발표된

문장해석 <Science>지에 발표된 최근 연구에 따르면, 기후 변화로 인해 최근 수십 년 동안 북미와 유럽에서 호박벌이 발견되는 범위가 좁아졌다.

UNIT 12 의문사

 본서 p. 61

01

What will the future of transportation look like (with the rise of electric vehicles)?

O V S V

직독직해 어떻게 될까 / 운송의 미래는 / 전기차의 증가와 함께

문장해석 전기차의 증가와 함께 운송의 미래는 어떻게 될까?

02

What effects does climate change have on global weather patterns and ecosystems?

O S V

직독직해 어떤 영향을 / 기후 변화가 / 미치는가 / 세계 기상 패턴과 생태계에

문장해석 기후 변화가 세계 기상 패턴과 생태계에 어떤 영향을 미치는가?

03

How will artificial intelligence influence the environment?

V S V O

직독직해 어떻게 / 인공지능이 / 영향을 미칠까 / 환경에

문장해석 인공지능이 환경에 어떻게 영향을 미칠까?

04

Have you decided <**which** one you're going to buy>?

S V O S V

직독직해 당신은 결정했는가 / 어느 것을 살 것인지

문장해석 당신은 어느 것을 살 것인지 결정했는가?

05

I want to know <**who** will be appointed the FIFA referees (for this year)>.
S V O   S   V

직독직해 나는 / 알고 싶다 / 누가 / 임명될지 / FIFA 심판으로 / 올해
문장해석 나는 누가 올해 FIFA 심판으로 임명될지 알고 싶다.

06

This match will show <**who** the best player (in the world) is>.
S   V   O   S   V

직독직해 이번 경기는 / 보여 줄 것이다 / 누구인지 / 세계 최고의 선수가
문장해석 이번 경기는 세계 최고의 선수가 누구인지 보여 줄 것이다.

07

The man asked her <**what** kind of things she did (in her spare time)>.
S   V   IO   DO(의문형용사)   S   V

직독직해 남자는 / 물었다 / 그녀에게 / 어떤 일을 / 그녀가 했는지 / 여가 시간에
문장해석 남자는 그녀에게 여가 시간에 어떤 일을 했는지 물었다.

08

There are many theories (about <**why** the dinosaurs went extinct>).
V   S   S   V   SC

직독직해 있다 / 많은 이론이 / 대한 / 왜 / 공룡이 멸종되었는지에
문장해석 공룡이 왜 멸종되었는지에 대한 많은 이론이 있다.

09

Mary wondered <**where** her son lost his wristwatch>.
S   V   O   S   V   O

직독직해 Mary는 / 궁금했다 / 어디서 / 자신의 아들이 / 잃어버렸는지 / 손목시계를
문장해석 Mary는 자신의 아들이 어디서 손목시계를 잃어버렸는지 궁금했다.

10

<**Who** we are> is reflected in <**what** we won't eat> as well as <**what** we will (eat)>.
S   S₁ V₁   V   S₂ V₂   S₃ V₃

직독직해 우리가 누구인지는 / 반영되어 있다 / 우리가 먹지 않을 것에 / 뿐만 아니라 / 우리가 먹을 것에
문장해석 우리가 누구인지는 우리가 먹을 것뿐만 아니라 우리가 먹지 않을 것에도 반영되어 있다.

11

Nobody could understand <**where** we (ever) got money [(which was) enough to keep
us with food in our bellies]>.

직독직해 아무도 / 이해할 수 없었다 / 어디에서 / 우리가 얻었는지 / 돈을 / 충분한 / 음식으로 배를 채울 만큼
문장해석 아무도 어디에서 우리가 음식으로 배를 채울 만큼 충분한 돈을 얻었는지 이해할 수 없었다.

12

It's a good idea to consider <**what** short-term goals we can accomplish>.

직독직해 좋은 생각이다 / 고려하는 것은 / 어떤 단기적인 목표를 / 우리가 달성할 수 있을지를
문장해석 어떤 단기적인 목표를 우리가 달성할 수 있을지를 고려해 보는 것은 좋은 생각이다.

13

She demonstrated to us <**how** (surprisingly) effective the new study method was (for
improving memory retention)>.

직독직해 그녀는 / 입증했다 / 우리에게 / 얼마나 놀랍도록 효과적인지 / 새로운 공부 방법이 / 기억력 유지를 개선하는데
문장해석 그녀는 우리에게 새로운 공부 방법이 기억력 유지를 개선하는데 얼마나 놀랍도록 효과적인지 입증했다.

14

The scientist explained to the students <**how** she discovered how to extract the
compound from the plant>.

직독직해 그 과학자는 / 설명했다 / 학생들에게 / 어떻게 그녀가 발견했는지 / 그 화합물을 추출하는 방법을 / 식물로부터
문장해석 그 과학자는 학생들에게 그녀가 식물로부터 그 화합물을 추출하는 방법을 어떻게 발견했는지 설명했다.

15

The teacher taught his students <**how** they should improve their writing skills (through
incessant practice and feedback)>.

직독직해 선생님은 / 가르쳤다 / 학생들에게 / 어떻게 글쓰기 기술을 향상했는지 / 끊임없는 연습과 피드백을 통해
문장해석 선생님은 학생들에게 끊임없는 연습과 피드백을 통해 어떻게 글쓰기 기술을 향상했는지를 가르쳤다.

16

<**What** we will do (during our trip to the countryside)> depends on the weather and
the interests of the group.

직독직해 우리가 무엇을 할지는[할 것은] / 시골 여행 중에 / 달려 있다 / 날씨와 / 모임의 관심에
문장해석 우리가 시골 여행 중에 무엇을 할지는[할 것은] 날씨와 모임의 관심에 달려 있다.

17

<**How** he overcame his fear of public speaking and delivered such a confident
presentation> impressed everyone (in the room).

> 직독직해   방식은 / 그가 대중 연설의 공포를 극복하고 / 그렇게 자신감 있는 발표를 한 / 깊은 인상을 주었다 / 방에 있는 모든 사람에게
>
> 문장해석   그가 대중 연설의 공포를 극복하고 그렇게 자신감 있는 발표를 한 방식은 방에 있는 모든 사람에게 깊은 인상을 주었다.

18

We wanted to know <**what** kinds of girls her sisters were, **what** her father was like,
and **how** long her mother had been dead>.

> 직독직해   우리는 / 알고 싶었다 / 어떤 여자아이들이었는지 / 그 여자의 자매들이 / 그녀의 아버지가 어땠는지 / 그리고 / 얼마나 되었는지 / 그녀의 어머니가 돌아가신 지
>
> 문장해석   우리는 그녀의 자매들이 어떤 여자아이들이었는지 그녀의 아버지가 어땠는지 그리고 그녀의 어머니가 돌아가신 지 얼마나 되었는지를 알고 싶었다.

19

Scientists have researched <**what** conditions are like (beyond the Earth's atmosphere),
and **what** effects space travel has on the human body>.

> 직독직해   과학자들은 / 연구해 왔다 / 환경이 어떤지 / 지구 대기권 너머의 / 그리고 / 어떤 영향을 / 우주여행이 끼치는지를 / 인간의 몸에
>
> 문장해석   과학자들은 지구 대기권 너머의 환경이 어떤지, 그리고 우주여행이 인간의 몸에 어떤 영향을 끼치는지를 연구해 왔다.

20

One way [to tell <**how** much sleep you need>] is to try, (for a while), getting to bed (in
time) (to wake up (without an alarm clock)).
If you can do it, and **if** you don't doze off (during the day), you've gone to bed (at the
right time).

> 직독직해   한 가지 방법은 / 당신이 얼마만큼의 수면이 필요한지를 알 / 시도해 보는 것이다 / 한동안 / 일찍 잠자리에 드는 것을 / 알람 시계 없이 일어나기 위해
>
> 만약 / 당신이 그렇게 할 수 있고 / 그리고 / 만약 / 당신이 졸지 않는다면 / 낮에 / 당신은 잠을 잔 것이다 / 알맞은 시간에
>
> 문장해석   당신이 얼마만큼의 수면이 필요한지를 알 한 가지 방법은 한동안 알람 시계 없이 일어나도록 일찍 잠자리에 드는 것을 시도해 보는 것이다. 그렇게 할 수 있고, 또 낮에 졸지 않는다면 당신은 알맞은 시간에 잠을 잔 것이다.

UNIT 13 복합관계사

01

Whichever they choose, we must accept their decision.
　　　　　　S　　V　　　　S　　V　　　　　　　O

직독직해 그들이 어떤 것을 선택하든 간에 / 우리는 수락해야만 한다 / 그들의 결정을

문장해석 그들이 어떤 것을 선택하든 간에 우리는 그들의 결정을 수락해야만 한다.

02

<**Whoever** arrives (first)> will be responsible for unlocking the door and turning on
　S　　　　　　　　　　　　V　　　　SC　　　　　V₁　　　O₁　　　　　V₂

the lights.
　O₂

직독직해 먼저 도착하는 사람이면 누구든 / 책임이 있다 / 문을 열고 / 조명을 켜는

문장해석 먼저 도착하는 사람이면 누구든 문을 열고 조명을 켜는 책임이 있다

03

<**Whichever** team wins the championship> will earn a trophy and recognition for its
　S　　　　　　　　　　　　　　　　　　　V　　　　O

hard work.

직독직해 우승을 차지하는 팀이면 어느 팀이든 / 얻게 된다 / 트로피와 인정을 / 그들의 노력에 대한

문장해석 우승을 차지하는 팀이면 어느 팀이든 트로피와 그들의 노력에 대한 인정을 얻게 된다.

04

However tired you may be, you must do it (today).
　　　　　SC　　S　　V　　　S　　V　　O

직독직해 아무리 네가 피곤해도 / 너는 / 해야 한다 / 그것을 / 오늘

문장해석 아무리 네가 피곤해도, 너는 오늘 그것을 해야 한다.

05

However much money you have, you may not be happy.
　　　　　O　　　　S　　V　　　S　　V　　SC

직독직해 아무리 네가 돈이 많아도 / 너는 / 행복하지 않을 수 있다.

문장해석 아무리 네가 돈이 많아도 행복하지 않을 수 있다.

06

Whenever you catch yourself having a fit of worry, stop and change your thoughts.
S　　V　　O　　　　OC　　　　　　　V1　　　V2　　　O2

직독직해 당신 스스로 욱하는 감정에 휩싸이는 것을 발견할 때마다 / 멈춰서 바꿔라 / 당신의 생각을
문장해석 당신 스스로 욱하는 감정에 휩싸이는 것을 발견할 때마다 멈춰서 당신의 생각을 바꿔라.

07

Whatever book [you choose from the library] has the potential [to transport you to
S　　　　　　S　　V　　　　　　　　　　　　V　　O
different worlds (through its captivating storytelling)].

직독직해 어떤 책이든 / 당신이 선택하는 / 도서관에서 / 잠재력을 가지고 있다 / 당신을 다른 세계로 이동시킬 수 있는 / 매력적인 이야기하기(방식)를 통해
문장해석 도서관에서 당신이 선택하는 어떤 책이든 매력적인 이야기하기(방식)를 통해 당신을 다른 세계로 이동시킬 수 있는 잠재력을 가지고 있다.

08

He was thought of as the most flattering man (in our company), *since* he accepted
S　V　　　　　　SC　　　　　　　　　　　　　　　　　　S1　V1
<*whatever* his superiors suggested (without reflective thinking)>.
　　O1　　　S2　　　V2

직독직해 그는 / 여겨졌다 / 가장 아첨하는 사람으로 / 우리 회사에서 / 그가 받아들였기 때문에 / 무엇이든 / 윗사람이 제안하는 것이 / 반성적 사고 없이
문장해석 그는 윗사람이 제안하는 것이 무엇이든 반성적 사고 없이 받아들였기 때문에 우리 회사에서 가장 아첨하는 사람으로 여겨졌다.

09

Your GPS receiver can tell you your exact location and give you directions <*wherever*
S　　　　　　V1　IO1　DO1　　　　　　V2　IO2　DO2
you need to go>, *no matter where* you are (on the planet)!
S1　V1　O1　　　　　　　　　S2　V2

직독직해 당신의 GPS 수신기는 / 알려줄 수 있다 / 당신에게 / 당신의 정확한 위치를 / 그리고 / 알려줄 수 있다 / 당신에게 / 방향을 / 당신이 가야 할 곳이 어디든지 / 당신이 지구 어디에 있든지
문장해석 당신의 GPS 수신기는 당신이 지구 어디에 있든지 당신의 정확한 위치를 알려줄 수 있고, 당신이 가야 할 곳이 어디든지 방향을 알려줄 수 있다!

10

No matter how upset you are, keep the feedback job-related and never criticize someone
SC　　S　V　V1　O1　　　OC1　　　　　V2　　O2
(personally) (because of an inappropriate action).

직독직해 당신이 아무리 화가 나더라도 / 피드백은 업무와 관련시켜라 / 그리고 / 비난하지 말라 / 누군가를 / 개인적으로 / 부적절한 행동을 이유로
문장해석 당신이 아무리 화가 나더라도 피드백은 업무와 관련시키고, 부적절한 행동을 이유로 개인적으로 누군가를 비난하지 말라.

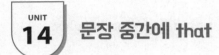

01

Some people feel <**that** their national soccer team represents their country's honor>.
　　S　　　V　　　　　　　S　　　　　　　　　　　　　　　V　　　　　　O

직독직해 어떤 사람들은 / 생각한다 / 국가대표팀이 / 상징하는 것으로 / 국가의 명예를
문장해석 어떤 사람들은 국가대표팀이 국가의 명예를 상징하는 것으로 생각한다.

02

There are more than a thousand radio stations [that play country music (24 hours a
　　V　　　　　　　　　S　　　　　　　　　　　　　　S관·대 V　　　O
day)].

직독직해 있다 / 천 개가 넘는 라디오 방송국이 / 컨트리 음악을 틀어 주는 / 하루 24시간
문장해석 하루 24시간 컨트리 음악을 틀어 주는 라디오 방송국이 천 개가 넘는다.

03

I agree to the idea <**that** good behavior must be reinforced (with incentives)>.
S V　　　O　　　　동격　　S　　　　　　V

직독직해 나는 / 동의한다 / 생각에 / 선행이 강화되어야 한다는 / 인센티브로
문장해석 나는 선행이 인센티브로 강화되어야 한다는 생각에 동의한다.

04

You (gradually) become aware <**that** you are a unique person (with your own ideas
S　　　　　　　V　　　　　　O　S　V　SC
and attitudes)>.

직독직해 당신은 / 점차 / 깨닫게 된다 / 당신은 독특한 사람이라는 것을 / 자신만의 생각과 태도를 가진
문장해석 당신은 자신만의 생각과 태도를 가진 독특한 사람이라는 것을 점차 깨닫게 된다.

05

Advocates (of homeschooling) believe <**that** children learn better **when** they are (in a
S　　　　　　　　　　　　V　　　　　O　S₁　　V₁　　　　　　　S₂　V₂
secure, loving environment)>.

직독직해 홈스쿨링을 지지하는 사람들은 / 믿는다 / 아이들이 / 더 잘 배운다는 것을 / 아이들이 / 안전하고 애정이 있는 환경에 있을 때
문장해석 홈스쿨링을 지지하는 사람들은 아이들이 안전하고 애정이 있는 환경에 있을 때 더 잘 배운다고 믿는다.

06

The program [that offers free tutoring sessions (to underprivileged children)] has
made a significant impact (on their academic performance).

직독직해 프로그램은 / 소외계층 아동에게 무료 과외를 제공하는 / 상당한 영향을 미쳤다 / 이들의 학업 성적에

문장해석 소외계층 아동에게 무료 과외를 제공하는 프로그램은 이들의 학업 성적에 상당한 영향을 미쳤다.

07

Researchers have developed a new model [that (they say) will provide better estimates
(about the North Atlantic right whale population)].

직독직해 연구자들은 / 개발했다 / 새로운 모델을 / 그런데 그들이 말한다 / 그 새 모델은 제공할 것이다 / 더 나은 추정치를 / 북대서양 참고래 개
체 수에 대해

문장해석 연구자들은 북대서양 참고래 개체 수에 대해 더 나은 추정치를 제공할 것이라고 말하는 새로운 모델을 개발했다.

08

The news <**that** a cure (for a rare disease) had been discovered> brought hope (to countless
families [affected by the illness]).

직독직해 소식은 / 희귀질환에 대한 치료법이 발견되었다는 / 안겨 주었다 / 희망을 / 수많은 가족에게 / 이 병에 걸린

문장해석 희귀질환에 대한 치료법이 발견되었다는 소식은 이 병에 걸린 수많은 가족에게 희망을 안겨 주었다.

09

Foreign language associations (in the United States) say <**that** learning Spanish,
French, German, or other languages benefits both elementary and secondary school
students>.

직독직해 미국 외국어 협회에서는 / 말한다 / 스페인어, 프랑스어, 독일어 등 다른 언어를 배우는 것이 / 도움이 된다고 / 초등학생과 중학생 모두에게

문장해석 미국 외국어 협회에서는 스페인어, 프랑스어, 독일어 등 다른 언어를 배우는 것이 초등학생과 중학생 모두에게 도움이 된다고 말한다.

10

(In the ancient practice of sending messages (through a bearer)), people would write
secret messages (in a substance) [that would only be revealed on plain paper (through
the use of a reagent)].

직독직해 메시지를 보내는 고대 관습에서 / 전달자를 통해 / 사람들은 / 기록했다 / 비밀 메시지를 / 물질로 / 그런데 그 메시지는 백지에만 드러난
다 / 시약을 사용하여

문장해석 전달자를 통해 메시지를 보내는 고대 관습에서 사람들은 시약을 사용하여 백지에만 드러나는 물질로 비밀 메시지를 기록했다.

11

This means <**that** a human law is a set of rules [that are valid only (for a certain
 S   V   O   S₁   V₁   SC₁   S관·대 V₂   SC₂
number of people) (over a certain period of time)]>.

직독직해 이는 / 의미한다 / 인간의 법이 / 일련의 규칙이라는 것을 / 그런데 그 규칙은 유효하다 / 특정수의 사람들에게만 / 일정 기간

문장해석 이는 인간의 법이 일정 기간 특정수의 사람들에게만 유효한 일련의 규칙임을 의미한다.

12

Studies suggest <**that** *when* a healthy trust is formed (from the start of life), it leads
 S   V   O   S₁   V₁   S₂ V₂
one to moral, honest, balanced conduct (in relations with others)>.
 O₂

직독직해 연구는 / 시사한다 / 건강한 신뢰가 형성될 때 / 삶의 처음부터 / 그것(건강한 신뢰)은 / 유도한다는 것을 / 사람을 / 도덕적이고 정직하며 균형 잡힌 행동으로 / 다른 사람들과의 관계에서

문장해석 연구 결과는 삶의 처음부터 건강한 신뢰가 형성될 때, 다른 사람들과의 관계에서 도덕적이고 정직하며 균형 잡힌 행동을 유도한다는 것을 시사한다.

UNIT 15 문장 중간에 S + V

📖 본서 p. 71

01

I believed <(that) she was (still) alive>.
S V   S   V   SC

직독직해 나는 / 믿었다 / 그녀가 / 여전히 / 살아 있다는 것을

문장해석 나는 그녀가 여전히 살아 있다고 믿었다.

02

The scientist (well) documented the findings <(that) she discovered (during her research
 S   V   O   O관·대 생략 S   V
project)>.

직독직해 그 과학자는 / 잘 기록했다 / 결과를 / 그런데 그 결과를 그녀가 발견했다 / 자신의 연구 프로젝트 중에

문장해석 그 과학자는 자신의 연구 프로젝트 중에 발견한 결과를 잘 기록했다.

03

The only difference (among societies) is the way [these events are celebrated].
 S   V SC   S   V

직독직해 유일한 차이점은 / 사회 간의 / 방식이다 / 이러한 행사를 기념하는

문장해석 사회 간의 유일한 차이점은 이러한 행사를 기념하는 방식이다.

04

I believe <(that) natural beauty has a necessary place (in the spiritual development (of
S V ○ 생략 S   V   ○
any individual or any society))>.

직독직해 나는 / 믿는다 / 자연의 아름다움이 / 꼭 필요한 자리를 차지한다는 것을 / 정신적 발전에 / 개인이나 사회의
문장해석 나는 자연의 아름다움이 개인이나 사회의 정신적 발전에 꼭 필요한 자리를 차지한다고 믿는다.

05

Our fascination (with science fiction) reflected a deep faith <(that) technology would
S   V   ○   생략(동격) S   V
lead us (to a cyber utopia, (with robot servants [serving food]))>.
     ○

직독직해 공상 과학 소설에 우리가 매혹된 것은 / 반영한 것이었다 / 깊은 믿음을 / 기술이 / 이끌 것이라는 / 우리를 / 사이버 유토피아로 / 로봇 하
인이 음식을 차려 주는
문장해석 공상 과학 소설에 우리가 매혹된 것은 기술이 우리를 로봇 하인이 음식을 차려 주는 사이버 유토피아로 이끌 것이라는 깊은 믿음을 반영
한 것이었다.

06

Steve's good record (at work) proved <(that) he could handle the job>, but <his inner
S   V   ○ 생략 S1 V1   O1   S2
voice told him <(that) he would fail>>.
     V2   IO2   DO2 생략 S3 V3

직독직해 Steve의 뛰어난 업무 실적은 / 증명했다 / 그가 그 일을 처리할 수 있다는 것을 / 그러나 / 내면의 목소리는 / 말했다 / 그에게 / 그가 실패
할 것을
문장해석 Steve의 뛰어난 업무 실적은 그가 그 일을 처리할 수 있다는 것을 증명했지만, 내면의 목소리는 그에게 그가 실패할 것이라고 말했다.

07

An officer of the IMF said <(that) the troubled economies would recover (from the
S   V   ○ 생략 S   V
present economic hardships) (by the second half of 1999)>.

직독직해 IMF 관계자는 / 말했다 / 어려운 경제 상황이 / 회복될 것이라고 / 현재의 경제적 어려움에서 / 1999년 하반기에는
문장해석 IMF 관계자는 1999년 하반기에는 어려운 경제 상황이 현재의 경제적 어려움에서 회복될 것이라고 말했다.

08

Do you have a little brother or sister [who listens to commercials (on television) and (then)
S V   ○   S관·대 V1   O1
tries to get your mother to buy every product [(that) he or she has seen advertised]]?
V2   O2   OC2   생략 S3   V3   OC3

직독직해 있습니까 / 남동생이나 여동생이 / 텔레비전 광고를 듣고 / 모든 제품을 어머니에게 사달라고 하는 / 그나 그녀가 광고되는 것을 본
문장해석 텔레비전 광고를 듣고 광고되는 것을 본 모든 제품을 어머니에게 사달라고 하는 남동생이나 여동생이 있습니까?

09

The study showed <(that) the ability of students [to retain knowledge about words]
S　　V　　O 생략　　S1

improved (after one night's sleep) *even if* the students lost some of that knowledge
V1　　　　　　　　　　　　　　　S2　　V2　　O2

(during the day)>.

> 직독직해 그 연구는 / 보여 주었다 / 학생들의 능력이 / 단어들에 대한 지식을 유지하는 / 향상되었다는 것을 / 하룻밤 자고 난 후에 / 비록 / 학생들이 / 잊어버렸을지라도 / 그 지식의 일부를 / 그 하루 동안

> 문장해석 그 연구는 비록 학생들이 그 하루 동안 그 지식의 일부를 잊어버렸을지라도 하룻밤 자고 난 후에 단어들에 대한 지식을 유지하는 학생들의 능력이 향상되었다는 것을 보여 주었다.

UNIT 16 S + 관계대명사/관계부사

📖 본서 p. 73

01

A person [who stands up (straight)] conveys a message of energy and self-confidence.
S　　S관·대　　V　　　　　　V　　O

> 직독직해 사람은 / 똑바로 서 있는 / 전달한다 / 에너지와 자신감의 메시지를

> 문장해석 똑바로 서 있는 사람은 에너지와 자신감의 메시지를 전달한다.

02

The song [which I listened to (on the radio)] reminded me of happy memories (from
S　　O관·대 S V　　　　　　　　V　　IO　DO의 일종

my childhood).

> 직독직해 그 노래는 / 내가 라디오에서 들었던 / 생각나게 했다 / 나에게 / 행복한 추억을 / 어린 시절의

> 문장해석 내가 라디오에서 들었던 그 노래는 나에게 어린 시절의 행복한 추억을 생각나게 했다.

03

The major reason [why spelling in English is difficult] is <**that** modern English spelling
S　　　　관·부　　S1　　　　　　　V1　SC1　V　SC　S2

shows old English pronunciation>.
V2　　O2

> 직독직해 주요한 이유는 / 영어 철자가 어려운 / 현대 영어 철자가 / 보여 주기 때문이다 / 고대 영어의 발음을

> 문장해석 영어 철자가 어려운 주요한 이유는 현대 영어 철자가 고대 영어의 발음을 보여 주기 때문이다.

04

The park [where my family likes to go for walks] is filled with beautiful flowers and
S　　　관·부　S　　V　　O　　V　　　　　O

tall trees.

> 직독직해 그 공원은 / 우리 가족이 산책하기를 좋아하는 / 가득 차 있다 / 아름다운 꽃들과 큰 나무들로

> 문장해석 우리 가족이 산책하기를 좋아하는 그 공원은 아름다운 꽃들과 큰 나무들로 가득 차 있다.

05

Our beliefs and the languages [(that) we speak] are (also) part of our nonmaterial
culture.

직독직해 우리의 신념과 / 우리가 말하는 언어는 / 또한 / 일부이다 / 우리의 비물질문화의
문장해석 우리의 신념과 우리가 말하는 언어 또한 우리의 비물질문화의 일부이다.

06

The cost of merchandise [(that) you purchased (from us) (several months ago)] was
(only) $250.

직독직해 상품 가격은 / 귀하가 우리에게서 구입한 / 몇 달 전에 / 고작 250달러였습니다
문장해석 귀하가 몇 달 전에 우리에게서 구입한 상품 가격은 고작 250달러였습니다.

07

The things [(that) we learned in kindergarten] include <"share everything", "play
fair", and "say you're sorry **when** you hurt somebody.">

직독직해 것은 / 우리가 유치원에서 배운 / 포함한다 / '모든 것을 나누어라' / '규칙에 맞게 놀아라' / '미안하다고 말하라' / '누군가에게 상처를 줬을 때'
문장해석 우리가 유치원에서 배운 것은 '모든 것을 나누어라', '규칙에 맞게 놀아라', '누군가에게 상처를 줬을 때 미안하다고 말하라' 등을 포함한다.

08

The people [(that) you communicate with] will feel much more relaxed around you
when they feel heard and listened to.

직독직해 사람들은 / 당신과 소통하는 / 훨씬 더 편안하게 느낄 것이다 / 당신 곁에서 / 자신들이 경청 받는다고 느낄 때
문장해석 당신과 소통하는 사람들은 자신들이 경청 받는다고 느낄 때 당신 곁에서 훨씬 더 편안하게 느낄 것이다.

09

You will (sometimes) find <**that** the person [(that) you talk to] can convince you <**that**
there is (really) nothing [to worry about (at all)]>>.

직독직해 당신은 / 때때로 / 알게 될 것이다 / 당신과 대화를 나누는 사람이 / 당신을 설득할 수 있다는 것을 / 전혀 없다는 것을 / 정말로 걱정할 것이
문장해석 당신은 때때로 당신과 대화를 나누는 사람이 정말로 걱정할 것이 전혀 없다고 당신을 설득할 수 있다는 것을 알게 될 것이다.

10

(In a commercial society, [where having money or wealth is most important]), things
　　　　　　　　　　　　　　　관·부　　S₁　　　　　　　　　　　V₁　SC₁　　　　　　　　　S
[that can be brought (by wealth), (such as cars, houses, or fine clothing), are considered
S관·대 V₂　　　　　　　　　　　　　　　　　　　　　　　　　　　　　　　　　　　V
status symbols.
SC

직독직해 상업 사회에서는 / 돈이나 부가 가장 중요한 / 부가 가져올 수 있는 것들은 / 자동차, 집, 고급 의료와 같이 / 간주된다 / 신분의 상징으로
문장해석 돈이나 부가 가장 중요한 상업 사회에서는 자동차, 집, 고급 의류와 같이 부가 가져올 수 있는 것들을 신분의 상징으로 간주된다.

11

One of the challenges [(that) we face (in the world) (today)] is <that a lot of the
S　　　　　　　　　　　○관·대 생략 S₁　V₁　　　　　　　　　　　　V　SC　　S₂
information [(that) we get (about other people and places)] comes from the advertising
　　　　　　　○관·대 생략 S₃　V₃　　　　　　　　　　　　　V₂　　　　　O₂
and entertainment [(that) we see (in the media)]>.
　　　　　　　　　　○관·대 생략 S₄　V₄

직독직해 도전 중 하나는 / 오늘날 세상에서 우리가 직면하고 있는 / 것이다 / 많은 정보가 / 우리가 다른 사람들과 장소에 대해 얻는 / 광고와 오락물로부터 나온다는 / 우리가 미디어에서 보는
문장해석 오늘날 세상에서 우리가 직면하고 있는 도전 중 하나는 다른 사람들과 장소에 대해 얻는 많은 정보가 우리가 미디어에서 보는 광고와 오락물로부터 나온다는 것이다.

UNIT 17 접속사 + S + V
📖 본서 p.76

01

When I entered the subway, the thermometer [(that) I had with me] registered 32℃.
S₁ V₁　　　　O₁　　　　　　　S　　　　　○관·대 생략 S₂ V₂　　　　　V　　　　O

직독직해 내가 지하철에 들어섰을 때 / 내가 가지고 있던 온도계는 / 32℃를 기록했다
문장해석 내가 지하철에 들어섰을 때 내가 가지고 있던 온도계는 32℃를 기록했다.

02

We expect <that as we tap into new markets, we will see unprecedented growth>.
S　V　　　O　　　S₁　V₁　　　O₁　　　　S₂　V₂　　　O₂

직독직해 우리는 / 기대한다 / 새로운 시장을 활용함에 따라 / 전례 없는 성장을 볼 것으로
문장해석 우리는 새로운 시장을 활용함에 따라 전례 없는 성장을 볼 것으로 기대한다.

03

If you want to diet, you should consult a physician *because* it is difficult to select
S_1 V_1 O_1 S V O 가S_2 V_2 SC_2 진S_2
(for yourself a proper diet).

직독직해 당신이 다이어트를 하고 싶다면 / 의사와 상담해야 한다 / 왜냐하면 / 어렵기 때문이다 / 스스로 적절한 식단을 선택하기가
문장해석 당신이 다이어트를 하고 싶다면 스스로 적절한 식단을 선택하기 어렵기 때문에 의사와 상담해야 한다.

04

When his family sets out on a trip to EXPO, his mother says <*that* he doesn't have to
S_1 V_1 O_1 S V O S_2 V_2
join them on the trip *because* (tomorrow) they get back home>.
O_2 S_3 V_3

직독직해 그의 가족이 박람회 여행을 출발할 때 / 그의 어머니는 말한다 / 그에게 여행을 같이 갈 필요가 없다고 / 내일 집에 돌아오기 때문에
문장해석 그의 가족이 박람회 여행을 출발할 때, 그의 어머니는 내일 집에 돌아오기 때문에 그에게 여행을 같이 갈 필요가 없다고 말한다.

05

The republics (of Latvia and Lithuania) emphasized their ethnic identities and their
S V O
own language *as* they became independent (from the Kremlin).
S V SC

직독직해 라트비아와 리투아니아 공화국은 / 민족의 정체성과 모국어를 강조했다 / 크렘린으로부터 독립하면서
문장해석 라트비아와 리투아니아 공화국은 크렘린으로부터 독립하면서 민족의 정체성과 모국어를 강조했다.

06

(That is), *if* you can convince yourself <*that* the first draft isn't your best writing and
S_1 V_1 IO_1 DO_1 S_2 V_2 SC_2
can be made more effective (with additional thought and some revision)>, (then) it
V_3 SC_3 가S
will be easier to get started.
V SC 진S

직독직해 즉 / 당신이 스스로 확신할 수 있다면 / 당신의 초고가 최고의 글쓰기가 아니며 / 더 효과적으로 작성될 수 있다는 것을 / 추가적인 생각
과 약간의 수정을 통해 / 더 쉬울 것이다 / 시작하기가
문장해석 즉, 당신이 초고가 최고의 글쓰기가 아니며 추가적인 생각과 약간의 수정을 통해 더 효과적으로 작성될 수 있다는 것을 스스로 확신할
수 있다면 시작하기가 더 쉬울 것이다.

07

If you demand <*that* children (should) tell you the truth> and (then) punish them
S_1 V_1 O_1 S_2 V_2 IO_2 DO_2 V_3 O_3
because it is not very satisfying, you teach them to lie to you (to protect themselves).
S_4 V_4 SC_4 S V IO DO to 부정사(목적)

직독직해 만약 당신이 요구한다면 / 아이들에게 진실을 말할 것을 / 그 후에 / 그들을 처벌한다면 / 그것이 아주 만족스럽지 않다고 / 당신은 그들
에게 / 가르치는 것이다 / 거짓말을 하도록 / 그들 스스로를 보호하기 위해
문장해석 만약 당신이 아이들에게 진실을 말하라고 요구하고 그 후에 그것이 아주 만족스럽지 않다고 처벌한다면, 당신은 그들에게 스스로를 보
호하기 위해 거짓말을 하도록 가르치는 것이다.

08

<u>*Since*</u> <u>Sam</u> <u>has never been</u> <u>unhappy</u> with his occupation, <u>he</u> <u>cannot understand</u> <u>the</u>
     S₁   V₁   SC₁   S   V   O

<u>attitude</u> (of <u>those</u> [<u>who</u> <u>have</u> <u>no desire</u> [to take up any occupation]]).
               S관·대 V₂ O₂

> **직독직해** Sam은 한 번도 불만스러웠던 적이 없었기 때문이다 / 자기 직업에 대해 / 그는 이해할 수 없다 / 사람들의 태도를 / 욕망이 전혀 없는 / 어떤 직업도 가질
>
> **문장해석** Sam은 자기 직업에 대해 한 번도 불만스러웠던 적이 없어서, 어떤 직업도 가질 욕망이 전혀 없는 사람들의 태도를 이해할 수 없다.

09

<u>*While*</u> <u>I</u> <u>cannot promise</u> <u>you</u> <**that** <u>your temporary contract</u> <u>will be extended</u> (every
      S₁ V₁   IO₁   DO₁ S₂   V₂

time (when) <u>it</u> <u>comes up</u> for review)>, <u>I</u> <u>can tell</u> <u>you</u> <**that** there <u>do not seem to be</u> <u>any</u>
    관·부 생략 S₃ V₃   O₃   S V   IO   DO   V₄   S₄

<u>obstacles</u> to further extensions>.

> **직독직해** 제가 당신에게 약속할 수는 없지만 / 당신의 임시 계약이 연장될 것이라고 / 검토가 고려될 때마다 / 저는 당신에게 말씀드릴 수 있습니다 / 추가 연장에 장애가 없을 것으로 보인다는 점은
>
> **문장해석** 당신의 임시 계약이 검토가 고려될 때마다 연장될 것이라고 약속할 수는 없지만, 추가 연장에 장애가 없을 것으로 보인다는 점은 말씀드릴 수 있습니다.

10

(In his book *Feminine Faces*), <u>Clovis Chappel</u> <u>wrote</u> <**that** *when* the Roman city of
                             S   V   O   S₁

<u>Pompeii</u> <u>was being excavated</u>, <u>the body of a woman</u> <u>was found</u> <u>mummified</u> by the
         V₁   S₂   V₂   SC₂

volcanic ashes of Mount Vesuvius>.

> **직독직해** 그의 책 『Feminine Faces』에서 / Clovis Chappel은 썼다 / 로마 도시 폼페이가 발굴되던 / 한 여성의 시신이 발견되었다는 사실을 / 베수비오산의 화산재에 의해 미라가 된
>
> **문장해석** Clovis Chappel은 그의 책 『Feminine Faces』에서 로마 도시 폼페이가 발굴되던 중 베수비오산의 화산재에 의해 미라가 된 한 여성의 시신이 발견되었다고 썼다.

11

<u>*If*</u> today's top rock singer <u>released</u> <u>his</u> or her next piece (on the Internet), <u>it</u> <u>would</u> not
  S   V   O   S₁ V₁

only <u>be like playing</u> (in a theater with 20 million seats), but <u>each listener</u> <u>could</u> also
    SC₁   S₂   V₂

<u>transform</u> <u>the music</u> (depending upon his or her own personal tastes).
          O₂

> **직독직해** 오늘날 최고의 록 가수가 / 발표한다면 / 자신의 다음 곡을 인터넷에 / 이는 연주하는 것과 같을 뿐만 아니라 / 2천만 석 규모의 극장에서 / 청취자가 음악을 변형시킬 수도 있다 / 개인의 취향에 따라
>
> **문장해석** 오늘날 최고의 록 가수가 자신의 다음 곡을 인터넷에 발표한다면 이는 2천만 석 규모의 극장에서 연주하는 것과 같을 뿐만 아니라 청취자가 개인의 취향에 따라 음악을 변형시킬 수도 있다.

12

If they don't provide financial support, you will have to use your emergency fund
 S1   V1   O1   S1   V1   O1
(to cover basic expenses (such as food, transport, and accommodation)), and there will
 to 부정사(목적)
be less money [available for an unexpected situation [that necessitates a sudden change
 S2   S관·대 V2   O2
of plan]].

그들이 재정적인 지원을 하지 않으면 / 당신은 비상 자금으로 써야 하고 / 식비, 교통비, 숙박비 등 기본적인 비용을 충당하기 위해 / 자금이 줄어들 것이다 / 예상치 못한 상황에 대비해 쓸 수 있는 / 갑작스러운 계획 변경이 필요한

그들이 재정적인 지원을 하지 않으면 당신은 식비, 교통비, 숙박비 등 기본적인 비용을 충당하기 위해 비상 자금으로 써야 하고, 갑작스러운 계획 변경이 필요한 예상치 못한 상황에 대비해 쓸 수 있는 자금이 줄어들 것이다.

13

There are growing concerns <that, *as* the fourth industrial revolution deepens our
 V   S   동격   S1   V1   O1
individual and collective relationships (with technology), it may (negatively) affect
                                                            S2 V2
our social skills and ability [to empathize]>.
 O2

우려가 커지고 있다 / 4차 산업혁명이 심화시키면서 / 기술과의 개인적, 집단적 관계를 / 부정적인 영향을 미칠 수 있다 / 우리의 사회적 기술과 공감 능력에

4차 산업혁명이 기술과의 개인적, 집단적 관계를 심화시키면서 우리의 사회적 기술과 공감 능력에 부정적인 영향을 미칠 수 있다는 우려가 커지고 있다.

14

When Steven Erickson and colleagues asked 348 men and 142 women [who had been
 S1   V1   O1   S관·대 V2
admitted (to the hospital for a heart attack)] about their symptoms and medication,
they found <that *even though* the women had more symptoms and were taking more
 S   V   O   S3   V3   O3   V4   O4
medication, they rated their disease as being no more severe than the men did>.
            S5   V5   O5   OC5

Steven Erickson과 그의 동료들이 / 물었을 때 / 348명의 남성과 142명의 여성에게 / 심장마비로 병원에 입원한 / 그들의 증상과 약물에 관해 / 그들은 발견했다 / 여성들은 더 많은 증상이 있고 / 더 많은 약물 치료를 하고 있었지만 / 자신들의 질병을 더 심각하다고 평가하지 않았다는 것을 / 남성들과 마찬가지로

Steven Erickson과 그의 동료들이 심장마비로 병원에 입원한 348명의 남성과 142명의 여성에게 그들의 증상과 약물에 관해 물었을 때, 여성들은 더 많은 증상이 있고 더 많은 약물 치료를 하고 있었지만, 남성들과 마찬가지로 자신들의 질병을 더 심각하다고 평가하지 않았다는 것을 발견했다.

3 준동사 해석법

📖 본서 p. 86

UNIT 18 문장 맨 앞에 To RV

01

(To make their dream come true), they decided not to waste money.
to 부정사(목적) V O   OC   S   V   O

직독직해 꿈을 이루기 위해 / 그들은 / 결심했다 / 돈을 낭비하지 않기로

문장해석 그들은 꿈을 이루기 위해 돈을 낭비하지 않기로 결심했다.

02

To put a man to death (by hanging or electric shock) is an extremely cruel form of
S   V   SC

punishment.

직독직해 사람을 사형에 처하는 것은 / 교수형이나 전기충격으로 / 극히 잔인한 형벌이다

문장해석 교수형이나 전기충격으로 사람을 사형에 처하는 것은 극히 잔인한 형벌이다.

03

(To get some wisdom from superstitions), you need a good education (from the
to 부정사(목적)   S   V   O

intelligent people).

직독직해 미신에서 지혜를 얻으려면 / 좋은 교육을 받아야 한다 / 지성을 갖춘 사람에게서

문장해석 미신에서 지혜를 얻으려면 지성을 갖춘 사람에게서 좋은 교육을 받아야 한다.

04

                                spend time RVing ~하는 데 시간을 쓰다

(To win yesterday's competition), he should have spent a lot of time preparing himself
to 부정사(목적)   S₁   V₁(should have p.p.:~ 했어야 했다) O   OC

but he didn't.
    S₂   V₂

직독직해 어제 대회에서 우승하려면 / 그는 많은 시간을 투자했어야 했는데 / 준비에 / 그러나 / 그는 그렇지 못했다

문장해석 어제 대회에서 우승하려면 그는 준비에 많은 시간을 투자했어야 했는데 그러지 못했다.

05

To love someone (without any conditions) needs bravery and understanding (of others
S   V   O

and oneself).

직독직해 누군가를 사랑한다는 것은 / 조건 없이 / 필요하다 / 용기와 이해가 / 타인과 자신에 대한

문장해석 조건 없이 누군가를 사랑한다는 것은 용기와 타인과 자신에 대한 이해가 필요하다.

06

To understand the true sequence of events (by other clues) is essential (in reading a
S   V SC
detective story).

직독직해 사건의 실제 순서를 이해하는 것이 / 다른 단서를 통해 / 중요하다 / 추리소설을 읽으려면

문장해석 추리소설을 읽으려면 다른 단서를 통해 사건의 실제 순서를 이해하는 것이 중요하다.

07

(To help you celebrate and drink a toast to your success and ours (throughout the new
to 부정사(목적) help+O+OC(동사원형)
year)), we have many special dishes (on our menus) [to suit this festive season].
        S   V   O

직독직해 여러분이 축하하고 건배하는 데 도움이 되고자 / 여러분과 저희의 성공을 / 새해 내내 / 저희는 준비했습니다 / 다양한 특별 요리를 메뉴
에 / 이번 명절 시기에 어울리는

문장해석 새해 내내 여러분이 여러분과 저희의 성공을 축하하고 건배하는 데 도움이 되고자 저희는 이번 명절 시기에 어울리는 다양한 특별 요리
를 메뉴에 준비했습니다.

08

Some writers think <that (to impress their readers), they have to use a lot of long words
S   V   O   to 부정사(목적)   S V_1 O_1
and try to sound "intellectual.">
    V_2 SC_2

직독직해 어떤 작가들은 생각한다 / 독자들에게 깊은 인상을 주기 위해서는 / 자신들이 긴 단어를 많이 사용해야 하고 / '지적인' 것처럼 들리도록
노력해야 한다고

문장해석 어떤 작가들은 독자들에게 깊은 인상을 주기 위해서는 자신들이 긴 단어를 많이 사용해야 하고 '지적인' 것처럼 들리도록 노력해야 한다고
생각한다.

09

(For example), to explain <why the ancient Egyptians developed a successful
                to 부정사(목적) 관.부   S   V   O
civilization>, you must look at the geography of Egypt.
              S   V   O

직독직해 예를 들어 / 이유를 설명하려면 / 고대 이집트인들이 성공적인 문명을 발전시킨 / 당신은 살펴봐야 한다 / 이집트의 지리를

문장해석 예를 들어 고대 이집트인들이 성공적인 문명을 발전시킨 이유를 설명하려면 당신은 이집트의 지리를 살펴봐야 한다.

10

To lower the price of their goods (to a reasonable price) is the best way [to prevent
S   V SC V_1
software from being copied (illegally) and protect the copyright].
O_1 OC_1 V_2 O_2

직독직해 제품의 가격을 낮추는 것이 / 합리적인 가격으로 / 제일 좋은 방법이다 / 소프트웨어의 불법 복제를 막고 / 저작권을 보호하는

문장해석 제품의 가격을 합리적인 가격으로 낮추는 것이 소프트웨어의 불법 복제를 막고 저작권을 보호하는 제일 좋은 방법이다.

11

(To entice the most experienced and skilled workers), the company developed a new
 to 부정사(목적)   S   V   O

pay scale (for workers) [that has minimized profits and (has) met all union demands].
 S 관·대   V₁   O₁   (생략)   V₂   O₂

직독직해 가장 경험이 많고 숙련된 근로자를 유치하기 위해 / 회사는 개발했다 / 새로운 임금제를 / 근로자를 위한 / 이윤을 최소화하고 / 모든 노
조 요구를 충족하는

문장해석 가장 경험이 많고 숙련된 근로자를 유치하기 위해 회사는 이윤을 최소화하고, 모든 노조 요구를 충족하는 근로자를 위한 새로운 임금제
를 개발했다.

UNIT 19 문장 맨 앞에 RVing/p.p.

본서 p. 89

01

Looking on (at the baseball game), he ran across an old classmate (from his high
                                      S   V   O

school days).

직독직해 야구 경기를 본다, 그런 그는 우연히 만났다 / 고등학교 동창을
문장해석 야구 경기를 보다가 그는 고등학교 동창을 우연히 만났다.

02

Being wise (about the health benefits of sports) will ensure a healthy lifestyle.
 S   V   O

직독직해 스포츠의 건강상의 이득에 대해 잘 아는 것은 / 보장할 것이다 / 건강한 생활을
문장해석 스포츠의 건강상의 이득에 대해 잘 아는 것은 건강한 생활을 보장할 것이다.

03

Working with researchers (from Chicago University), Bronks has designed its products
                                                      S   V   O

(to meet the special bio-mechanical needs of men and women).
 to 부정사(목적)

직독직해 시카고 대학의 연구원들과 협업하였다, 그런 Bronks는 제품을 설계했다 / 남성과 여성의 특별한 생체역학 요구사항을 충족하도록
문장해석 Bronks는 시카고 대학의 연구원들과 협업하여 남성과 여성의 특별한 생체역학 요구사항을 충족하도록 제품을 설계했다.

04

While living in over-crowed country, I feel no temptation (whatever) [to drive a car].
                                        S V   O
                                                              * whatever: 전혀(부사)

직독직해 매우 혼잡한 나라에서 산다, 그런 나는 유혹을 느끼지 않는다 / 전혀 / 차를 운전할
문장해석 매우 혼잡한 나라에서 사는 동안에는, 나는 전혀 차를 운전할 유혹을 느끼지 않는다.

05

As (being) surprised (by the sudden rainstorm), Sarah (quickly) ran (to find shelter)
생략   S   V   to 부정사(목적)
(under the nearest tree).

직독직해 갑작스러운 폭풍우에 놀랐다, 그런 Sarah는 급히 달렸다 / 비 피할 곳을 찾아 / 가장 가까운 나무 아래로
문장해석 갑작스러운 폭풍우에 놀라서, Sarah는 비 피할 곳을 찾아 급히 가장 가까운 나무 아래로 달렸다.

06

Putting an emotion into words and saying it out loud can be a powerful way [to express
S₁   S₂   V   SC   V₁
oneself and connect with others (on a deeper level)].
O₁   V₂   O₂

직독직해 감정을 말로 표현하고 / 소리 내어 말하는 것은 / 강력한 방법이 될 수 있다 / 자신을 표현하고 / 다른 사람들과 친해지는 / 더 깊은 수준으로
문장해석 감정을 말로 표현하고 소리 내어 말하는 것은 자신을 표현하고 다른 사람들과 더 깊은 수준으로 친해지는 강력한 방법이 될 수 있다.

07

Seeing these things (later) (in books) will be exciting and enjoyable *because* they will
S   V   SC   S   V
have real meaning (for him).
        O

직독직해 이런 것들을 보는 것은 / 나중에 책에서 / 흥미롭고 즐거울 것이다 / 그것들이 진정한 의미가 있으므로 / 그에게
문장해석 나중에 책에서 이런 것들을 보는 것은 그것들이 그에게 진정한 의미가 있으므로 흥미롭고 즐거울 것이다.

08

Recognizing the healing power (of humor), many hospitals are starting to take laughing
S   V   O
matters (seriously).

직독직해 유머의 치유력을 인지한다, 그런 많은 병원에서는 / 시작하고 있다 / 웃는 일을 진지하게 생각하기
문장해석 유머의 치유력을 인지해서 많은 병원에서는 웃는 일을 진지하게 생각하기 시작하고 있다.

09

Lifting his hand (high over his head), the boy counted off the same number (without
S   V   O
changing his voice).

직독직해 머리 위로 손을 높이 든다, 그런 소년은 같은 숫자를 세었다 / 목소리의 변화 없이
문장해석 소년은 머리 위로 손을 높이 들고 목소리의 변화 없이 같은 숫자를 세었다.

10

Building a meaningful and successful East-West relationship will be possible (only
S   V   SC

with a proper understanding of Asia and Asians).

[직독직해] 의미 있고 성공적인 동서 관계 구축은 / 가능할 것이다 / 아시아와 아시아인에 대한 올바른 이해가 있어야만
[문장해석] 의미 있고 성공적인 동서 관계 구축은 아시아와 아시아인에 대한 올바른 이해가 있어야만 가능할 것이다.

11

Understanding the movements of heavenly bodies and the relationship between angles

and distances, medieval travelers were able to create a system of longitude and latitude.
                    S   V   O

[직독직해] 천체의 움직임과 각도와 거리의 관계를 이해한다, 그런 / 중세 여행자들은 / 만들 수 있었다 / 경도와 위도 체계를
[문장해석] 천체의 움직임과 각도와 거리의 관계를 이해하여, 중세 여행자들은 경도와 위도 체계를 만들 수 있었다.

12

Unable to finish college (because of a lack of money), he took a job (as a playground
                                               S V   O

instructor [earning thirty dollars a week]).

[직독직해] 대학을 마칠 수 없다 / 돈이 부족해서, 그런 그는 취직했다 / 운동장 코치로 / 주당 30달러를 버는
[문장해석] 돈이 부족해 대학을 마칠 수 없었기 때문에, 그는 주당 30달러를 버는 운동장 코치로 취직했다.

13

Happy with the excellent grades [(that) he received], David planned a weekend
                                      O관·대 생략 S V   S   V   O

getaway (to the mountains) (to enjoy some fresh air and nature).
                                  to 부정사(목적)

[직독직해] 자신이 받은 우수한 성적에 만족했다, 그런 David는 계획했다 / 산으로 갈 주말여행을 / 신선한 공기와 자연을 즐기기 위해
[문장해석] 자신이 받은 우수한 성적에 만족해서 David는 신선한 공기와 자연을 즐기기 위해 산으로 갈 주말여행을 계획했다.

UNIT
20 문장 중간에 to RV

본서 p. 93

01

The objective (of some taxes on foreign imports) is to protect an industry [that produces
S   V SC   S관·대 V

goods [vital to a nation's defense]].
O

[직독직해] 목적은 / 외국 수입품에 대한 일부 세금의 / 산업을 보호하는 것이다 / 상품을 생산하는 / 국가의 방위에 필수적인
[문장해석] 외국 수입품에 대한 일부 세금의 목적은 국가의 방위에 필수적인 상품을 생산하는 산업을 보호하는 것이다.

02

Social media is a great way [to stay in contact with friends and family].
S   V   SC

직독직해 소셜미디어는 / 훌륭한 방법이다 / 친구들과 가족들과의 연락을 유지하기 위한

문장해석 소셜미디어는 친구들과 가족들과의 연락을 유지하기 위한 훌륭한 방법이다.

03

I was (very) surprised (to receive a phone call (from a distant relative [whom I hadn't
S V   SC   to 부정사(원인)   O관·대   S V
spoken to (in years)])).

직독직해 나는 정말 놀랐다 / 전화를 받아서 / 먼 친척으로부터 / 수년 동안 연락하지 않았던

문장해석 나는 수년 동안 연락하지 않았던 먼 친척으로부터 전화를 받아서 정말 놀랐다.

04

She (eventually) returned to her native country (to escape the pressure), only to find
S   V   O   to 부정사(목적)   to 부정사(결과)
<that the media followed her (there)>.
     S   V   O

직독직해 그녀는 마침내 고국으로 돌아갔다 / 압박에서 벗어나기 위해 / 결국 알게 되었다 / 언론이 그곳으로 그녀를 따라갔다는 것을

문장해석 그녀는 마침내 압박에서 벗어나기 위해 고국으로 돌아갔지만, 결국 언론이 그곳으로 그녀를 따라갔다는 것을 알게 되었다.

05

Communities are changing their habits (in order to protect the environment).
S   V   O   to 부정사(목적)

직독직해 공동체들은 / 그들의 습관을 바꾸고 있다 / 환경을 보호하기 위해

문장해석 공동체들은 환경을 보호하기 위해 그들의 습관을 바꾸고 있다.

06

Our purpose is to use governments (for the enlargement of our personal freedom), not
S   V SC₁   SC₂
to be used by them (as instruments).

직독직해 우리들의 목적은 / 정부를 이용하는 것이지 / 우리의 개인적 자유를 확대하기 위해 / 정부에 이용당하자는 것은 아니다 / 도구로

문장해석 우리들의 목적은 우리의 개인적 자유를 확대하기 위해 정부를 이용하는 것이지, 도구로 정부에 이용당하자는 것은 아니다.

07

A common mistake (in talking to celebrities) is to assume <that they don't know much
S   V SC   S   V   O
(about anything else (except their occupations))>.

직독직해 흔히 저지르는 실수는 / 유명인과 대화할 때 / 가정하는 것이다 / 그들이 그다지 아는 것이 없다고 / 자신의 직업 외에는

문장해석 유명인과 대화할 때 흔히 저지르는 실수는 그들이 자신의 직업 외에는 그다지 아는 것이 없다고 가정하는 것이다.

08

Many countries (now) use nuclear power (to produce electricity).
S / V / O / to 부정사(목적)

직독직해 많은 국가가 / 현재 원자력을 이용한다 / 전기를 생산하려고
문장해석 현재 많은 국가가 전기를 생산하려고 원자력을 이용한다.

09

The ancient Olympic events were designed (to eliminate the weak and glorify the strong).
S / V / V₁ / O₁ / V₂ / O₂

직독직해 고대 올림픽 행사는 / 고안되었다 / 약자를 탈락시키고 / 강자를 찬양하기 위해
문장해석 고대 올림픽 행사는 약자를 탈락시키고 강자를 찬양하기 위해 고안되었다.

10

Jim raised over one hundred million dollars (to provide relief (for the drought victims in Africa)).
S / V / O / to 부정사(목적)

직독직해 Jim은 모금했다 / 1억 달러 이상을 / 구조기금을 보내려고 / 아프리카 가뭄 피해자를 위한
문장해석 Jim은 아프리카의 가뭄 피해자들을 위한 구조기금을 보내려고 1억 달러 이상을 모금했다.

11

A group of dedicated volunteers organized a beach clean-up event (to raise awareness (about environmental conservation)).
S / V / O / to 부정사(목적)

직독직해 헌신적인 자원봉사자 그룹은 / 조직했다 / 해변 대청소 행사를 / 인식을 높이기 위해 / 환경 보존에 대한
문장해석 헌신적인 자원봉사자 그룹은 환경 보존에 대한 인식을 높이기 위해 해변 대청소 행사를 조직했다.

12

Some people, (such as engineers and architects), undergo special training exercises (to deepen their understanding (of design principles and construction techniques)).
S / V / O / to 부정사(목적)

직독직해 어떤 사람들은 / 엔지니어나 건축가 같은 / 특별한 훈련을 받는다 / 이해를 깊게 하려고 / 디자인 원리와 건축 기술에 대한
문장해석 엔지니어나 건축가 같은 어떤 사람들은 디자인 원리와 건축 기술에 대한 이해를 깊게 하려고 특별한 훈련을 받는다.

13

The capacity [to store and distribute information] has increased (through the use of computers and other devices).
S / V

직독직해 능력이 / 정보를 저장하고 배포하는 / 향상되었다 / 컴퓨터와 기타 장치의 사용을 통해
문장해석 컴퓨터와 기타 장치의 사용을 통해 정보를 저장하고 배포하는 능력이 향상되었다.

14

We need more effective ways [to ensure <**that** every citizen can (fully) exercise the right [to secure private information]>].
S   V   O   S   V   O

직독직해 우리는 필요하다 / 보다 효과적인 방법이 / 보장하는 / 모든 시민이 충분히 행사할 수 있다는 것을 / 권리를 / 개인 정보를 보호할
문장해석 모든 시민이 개인 정보를 보호할 권리를 충분히 행사할 수 있다는 것을 보장하는 보다 효과적인 방법이 필요하다.

15

Even with machines, the best way [to get data from one to another] (usually) was to
                        S   V   SC₁
physically carry magnetic tapes or punched cards and (to) insert them into other machine.
           V₁   O₁   SC₂ V₂   O₂

직독직해 심지어는 기계에서도 / 가장 좋은 방법은 / 서로 자료를 얻는 / 것이다 / 물리적으로 자기 테이프나 펀치 카드를 가져다가 / 그것들을 다른 기계에 넣는
문장해석 심지어는 기계에서도 서로 자료를 얻는 가장 좋은 방법은 물리적으로 자기 테이프나 펀치 카드를 가져다가 다른 기계에 넣는 것이다.

Further Study be to 용법

1 The meeting is to be held (this afternoon). [예정]
       S   V

직독직해 회의는 / 열릴 예정이다 / 오늘 오후에
문장해석 회의는 오늘 오후에 열릴 예정이다.

2 You are to pay your debt (as soon as possible). [의무]
       S   V   O

직독직해 당신은 / 갚아야 한다 / 빚을 / 가능한 한 빨리
문장해석 당신은 가능한 한 빨리 빚을 갚아야 한다.

3 Nothing was to be seen (in the sky). [가능]
       S   V

직독직해 아무것도 / 보이지 않았다 / 하늘에는
문장해석 하늘에는 아무것도 보이지 않았다.

4 *If* you are to succeed, you must work (hard). (hard). [의도]
       S   V   S   V

직독직해 만약 / 당신이 / 성공하고 싶다면 / 당신은 / 일해야 한다 / 열심히
문장해석 당신이 성공하고 싶다면, 열심히 일해야 한다.

5 He was never to come back (to his country again). [운명]
       S   V

직독직해 그는 / 돌아오지 못할 운명이었다 / 자기 나라로 / 다시는
문장해석 그는 다시는 자기 나라로 돌아오지 못할 운명이었다.

문장 중간에 RVing/p.p.

본서 p. 96

01

Americans have made decisions [based on science rather than ideology].
  S   V   O

직독직해 미국인들은 내려왔다 / 결정을 / 이념보다는 과학에 기초한
문장해석 미국인들은 이념보다는 과학에 기초한 결정을 내려왔다.

02

Color is the most important factor (in judging the gem quality of a diamond).
  S   V   SC   V   O

직독직해 색깔은 / 가장 중요한 요소이다 / 다이아몬드 같은 보석의 질을 판단하는
문장해석 색깔은 다이아몬드 같은 보석의 질을 판단하는 가장 중요한 요소이다.

03

Onlookers (just) walk (by a work of art), letting their eyes record it *while* their minds
  S   V   V₁   O₁   OC₁   S₂
are (elsewhere).
 V₂

직독직해 구경꾼들은 지나간다 / 예술 작품 옆을 / 그러면서 눈으로 그것을 기록한다 / 마음은 다른 데 두고서
문장해석 구경꾼들은 마음은 다른 데 두고서 눈으로 그것을 기록하면서 예술 작품 옆을 지나간다.

04

The International Monetary Fund(IMF) said <**that** economic trouble [affecting Asian
  S   V   O   S
countries] will begin to better (by first half of 1999)>.
            V   O

직독직해 국제통화기금(IMF)은 / 말했다 / 경제적 어려움이 / 아시아 국가들에 영향을 미치고 있는 / 나아지기 시작할 것이라고 / 1999년 상반기 쯤에는
문장해석 국제통화기금(IMF)은 아시아 국가들에 영향을 미치고 있는 경제적 어려움이 1999년 상반기쯤에는 나아지기 시작할 것이라고 말했다.

05

(In a laboratory [conducted at Stanford University]), the same changes (in plant
                                                           S
growth patterns) were brought about (by touching plants (twice a day)).
                  V

직독직해 한 실험실에서 / 스탠퍼드 대학에서 실행한 / 동일한 변화가 / 식물 성장 패턴에 / 일어났다 / 식물을 만지자 / 하루에 두 번
문장해석 스탠퍼드 대학의 한 실험실에서는 하루에 두 번 식물을 만지자, 식물 성장 패턴에 동일한 변화가 일어났다.

06

Nine-tenths of the woods [consumed in the Third World] are used (for cooking and heating).
S — V

<u>직독직해</u> 목재의 십분의 구는 / 제3세계에서 소비되는 / 사용된다 / 요리와 난방에
<u>문장해석</u> 제3세계에서 소비되는 목재의 십분의 구는 요리와 난방에 사용된다.

07

One (of the most interesting things) [ever found (under New York's street)] was a hidden underground tunnel network (from the Prohibition era).
S — V — SC

<u>직독직해</u> 가장 흥미로운 것 중 하나는 / 뉴욕 거리 아래에서 발견된 / 숨겨진 지하 터널 네트워크였다 / 금주법 시대의
<u>문장해석</u> 뉴욕 거리 아래에서 발견된 가장 흥미로운 것 중 하나는 금주법 시대의 숨겨진 지하 터널 네트워크였다.

08

Coca-Cola [invented (in the late 19th century) by John Stith Pemberton] has been a leading supplier (of the world soft-drink market) (throughout the 21st century).
S — V — SC

<u>직독직해</u> 코카콜라는 / 19세기 후반에 John Stith Pemberton에 의해 발명된 / 세계 청량음료 시장의 선도적인 공급업체이다 / 21세기 내내
<u>문장해석</u> 19세기 후반에 John Stith Pemberton에 의해 발명된 코카콜라는 21세기 내내 세계 청량음료 시장의 선도적인 공급업체이다.

09

Good quality North American ice wines, [produced in California and British Columbia], have (recently) come (onto the market), making ice wines more affordable.
S — V — V O OC

<u>직독직해</u> 고품질의 북미 아이스 와인이 / 캘리포니아와 브리티시 컬럼비아에서 생산되는 / 최근 시장에 출시되었다, 그러면서 아이스 와인의 가격이 더욱 저렴해졌다
<u>문장해석</u> 캘리포니아와 브리티시 컬럼비아에서 생산되는 고품질의 북미 아이스 와인이 최근 시장에 출시되면서 아이스 와인의 가격이 더욱 저렴해졌다.

10

They devoted themselves (to hours of unpaid work (for the poor and helpless)), never minding <**that** few appreciated <what they were doing (for society)>>.
S V O — V₁ O₁ S₂ V₂ 관·대 S₃ V₃

<u>직독직해</u> 그들은 헌신했다 / 몇 시간씩 무보수로 / 가난하고 무력한 사람들을 위해, 그러면서 개의치 않았다 / 감사하는 사람이 거의 없다는 사실에도 / 자신들이 하는 일에 / 사회를 위해
<u>문장해석</u> 그들은 가난하고 무력한 사람들을 위해 몇 시간씩 무보수로 헌신했고, 자신들이 사회를 위해 하는 일에 감사하는 사람이 거의 없다는 사실에도 개의치 않았다.

11

Globalization leads more countries to open their markets, allowing them to trade
 S   V   O   OC   V   O   OC

goods and services (freely) (at a lower cost with greater efficiency).

> **직독직해** 세계화로 인해 / 있게 되었다 / 더 많은 국가가 / 시장을 개방할 수, 그러면서 / 국가가 상품과 서비스를 자유롭게 거래할 수 있었다 / 훨씬 효율적이며 더 낮은 비용으로

> **문장해석** 세계화로 인해 더 많은 국가가 시장을 개방하여 훨씬 효율적이며 더 낮은 비용으로 상품과 서비스를 자유롭게 거래할 수 있게 되었다.

12

Aggression (among animal populations) can be (significantly) decreased (only by
 S   V

relocating the competitive species).

> **직독직해** 동물 개체군 간의 공격성은 / 크게 줄일 수 있다 / 경쟁 종을 재배치함으로써만

> **문장해석** 동물 개체군 간의 공격성은 경쟁 종을 재배치함으로써만 크게 줄일 수 있다.

13

Water (as a universal solvent) makes all life possible (by providing essential minerals
 S   V   O   OC

and nutrients [needed to grow and (to) stay healthy]).

> **직독직해** 보편적인 용매인 물은 / 발생할 수 있게 한다 / 모든 생명체를 / 필수 미네랄과 영양소를 제공함으로써 / 성장하고 건강을 유지하는 데 필요한

> **문장해석** 보편적인 용매인 물은 성장하고 건강을 유지하는 데 필요한 필수 미네랄과 영양소를 제공함으로써 모든 생명체를 발생할 수 있게 한다.

14

An infomercial is a television commercial [lasting (approximately) (for) thirty
 S   V1   SC1

minutes] and (is) used to sell a product (by convincing viewers <that they must have
            V2(수동태)   O   V1   IO1   DO1 S2   V2

the product>).
 O2

> **직독직해** infomercial은 / TV 광고이다 / 약 30분 동안 지속되고 / 제품을 판매하는 데 이용된다 / 시청자를 설득하여 / 해당 제품을 반드시 가져야 한다고

> **문장해석** infomercial은 약 30분 동안 지속되는 TV 광고로, 해당 제품을 반드시 가져야 한다고 시청자를 설득하여 제품을 판매하는 데 이용된다.

15

There is no basis (for believing <that technology will not cause new and unanticipated
 V S   동격   S1   V1   O1

problems *while* solving the problems [that it (previously) produced]).
          V2   O2   O관·대 S3   V3

> **직독직해** 믿음에 대한 근거는 없다 / 기술이 일으키지 않을 것이라는 / 새로운 예상치 못한 문제를, 그러면서 문제를 해결한다 / 그것이 이전에 발생시킨

> **문장해석** 기술이 이전에 발생시켰던 문제를 해결하는 동안 새로운 예상치 못한 문제를 일으키지 않을 것이라는 믿음에 대한 근거는 없다.

16

While the first step (in alleviating poverty (in the developing world)) is providing
         S   V SC
adequate food and shelter, long-term solution (to the problem) must focus on other
                                       S   V   O
issues.

직독직해 첫 번째 단계는 / 개발도상국의 빈곤을 완화하는 / 적절한 식량과 주거지를 제공하는 것이지만 / 이 문제에 대한 장기적인 해결책은 / 초점을 맞추어야 한다 / 다른 문제들에

문장해석 개발도상국의 빈곤을 완화하는 첫 번째 단계는 적절한 식량과 주거지를 제공하는 것이지만, 이 문제에 대한 장기적인 해결책은 다른 문제들에 초점을 맞추어야 한다.

UNIT 22 가주어 진주어

📖 본서 p. 102

01

It is dangerous to go out (too late at night).
가S V SC   진S

직독직해 그것은 위험하다 / <뭐가?> 외출하는 것은 / 밤늦게

문장해석 밤늦게 외출하는 것은 위험하다.

02

It is necessary <**that** you should see a doctor (right now)>.
가S V SC   진S S   V   O

직독직해 그것은 할 필요가 있다 / <뭐할?> 당신은 의사를 만나야 할 / 지금 당장

문장해석 당신은 지금 당장 의사를 만나야 할 필요가 있다.

03

He thinks it reasonable for young people to wear <what they like>.
S V 가O OC   의미상의 주어   진O   S   V

직독직해 그는 / 생각한다 / 그것이 / 합리적이라고 / <뭐가?> 젊은이들이 / 입는 것이 / 자신이 좋아하는 옷을

문장해석 그는 젊은이들이 자신이 좋아하는 옷을 입는 것이 합리적이라고 생각한다.

04

I think it certain <**that** our team will win the game>.
S V 가O OC   진O S   V   O

직독직해 나는 / 생각한다 / 그것이 / 확실하다고 / <뭐가?> 우리 팀이 / 이 경기에서 승리할 것이

문장해석 나는 우리 팀이 이 경기에서 승리할 것이 확실하다고 생각한다.

05

It is (also) important for the journalist to remember <**that** his duty is to serve his
가S V   SC   의미상의 주어   진S   S   V SC

readers>.

직독직해 그것은 / 또한 중요하다 / <뭐가?> 언론인이 기억하는 것이 / 자신의 의무는 / 일하는 것임을 / 독자를 위해

문장해석 언론인이 자신의 의무는 독자를 위해 일하는 것임을 기억하는 것이 또한 중요하다.

06

(In Britain and some other European countries), it was the custom for women to have
가S V   SC   의미상의 주어   진S
the right [to propose marriage (to the men of their choice)].

<직독직해> 영국과 일부 다른 유럽 국가에서는 / 그것은 / 관습이었다 / <뭐가?> 여성이 / 갖는 것이 / 권리를 청혼할 / 자신이 선택한 남성에게
<문장해석> 영국과 일부 다른 유럽 국가에서는 여성이 자신이 선택한 남성에게 청혼할 권리를 갖는 것이 관습이었다.

07

(To bring about an increase (in exports)), it is important for us to sell commodities (of
to 부정사(목적)   가S V SC   의미상의 주어 진S
excellent quality and a low price).

<직독직해> 가지고 오기 위해서 / 수출 증가를 / 그것은 / 중요하다 / <뭐가?> 우리가 / 판매하는 것이 / 상품을 / 우수한 품질과 낮은 가격의
<문장해석> 수출 증가를 가져오기 위해서 우리가 우수한 품질과 낮은 가격의 상품을 판매하는 것이 중요하다.

08

It is true <**that** one (of the chief goals (in child-raising (in the United States))) is to
가S V SC   진S   S   V SC
develop a sense of independence (in the child)>.

<직독직해> 그것은 / 사실이다 / <뭐가?> 주요 목표 중 하나가 / 자녀 양육의 / 미국에서 / 자녀의 독립심을 키우는 것이라는 것은
<문장해석> 미국에서 자녀 양육의 주요 목표 중 하나가 자녀의 독립심을 키우는 것이라는 것은 사실이다.

09

It is (often) believed <**that** the function of school is to produce knowledgeable people>.
가S V   진S   S   V SC

<직독직해> 그것은 / 흔히 믿어진다 / <뭐가?> 학교의 기능은 / 배출하는 것이라고 / 지식 있는 사람들을
<문장해석> 학교의 기능은 지식 있는 사람들을 배출하는 것이라고 흔히 믿어진다.

10

It is (often) said <**that** the best way [to learn a foreign language] is to go to a country
가S V   진S S₁   V₁ SC₁
[where it is spoken]>.
관.부 S₂ V₂

<직독직해> 그것은 / 종종 말해진다 / <뭐가?> 가장 좋은 방법은 / 외국어를 배우는 / 나라에 가는 것이라고 / 그것을 말하는
<문장해석> 외국어를 배우는 가장 좋은 방법은 그것을 말하는 나라에 가는 것이라고 종종 말해진다.

11

It is my great pleasure to inform you <**that** your sons and daughters have completed all
the academic requirements (over the last three years of study at Hutt High School)>.

직독직해 그것은 / 나의 큰 기쁨이다 (저는 정말 기쁩니다) / <뭐가?> 당신에게 알려드리게 되어 / 당신의 자녀들이 / 끝마쳤음을 / 모든 학업적
요건을 / Hutt 고등학교에서 지난 3년간
문장해석 당신의 자녀들이 Hutt 고등학교에서 지난 3년간 모든 학업적 요건을 끝마쳤음을 당신에게 알려드리게 되어 저는 정말 기쁩니다.

12

(In some cultures), people think it wrong to share their feelings and worries (with
others).

직독직해 어떤 문화권에서는 / 사람들이 / 생각한다 / 그것이 / 잘못되었다고 / <뭐가?> 공유하는 것이 / 자신의 감정과 걱정을 / 다른 사람들과
문장해석 어떤 문화권에서는 사람들이 자신의 감정과 걱정을 다른 사람들과 공유하는 것이 잘못되었다고 생각한다.

13

She found it difficult to understand the complicated instructions (without any guidance
or support from others).

직독직해 그녀는 / 알았다 / 그것이 / 어렵다는 것을 <뭐가?> 이해하는 것이 / 복잡한 설명서를 / 어떠한 지도나 지원 없이는 / 다른 사람들의
문장해석 그녀는 다른 사람의 어떠한 지도나 지원 없이는 복잡한 설명서를 이해하는 것이 어렵다는 것을 알았다.

14

The Internet has made it possible for an enormous amount of information to be
accessible (from anywhere in the world).

직독직해 인터넷은 / 만들었다 / 그것을 / 가능하게 <뭐가?> 엄청난 양의 정보에 / 접근할 수 있게 / 전 세계 어디에서나
문장해석 인터넷은 전 세계 어디에서나 엄청난 양의 정보에 접근할 수 있게 만들었다.

15

I find it funny <**that** my cat insists on sleeping (on my laptop) **when** I'm trying to
work>.

직독직해 나는 / 생각했다 / 그것이 / 웃긴다고 / <뭐가?> 고양이가 / 고집을 부리는 것이 / 자려고 / 노트북 위에서 / 내가 일하려고 할 때
문장해석 나는 내가 일하려고 할 때 고양이가 노트북 위에서 자려고 고집을 부리는 것이 웃긴다고 생각했다.

1 **It** is his illness **that** makes him violent and dangerous.
S   V   O   OC

직독직해 바로 그의 병이다 / 만드는 것은 / 그를 / 폭력적이고 위험하게
문장해석 그를 폭력적이고 위험하게 만드는 것은 바로 그의 병이다.

2 **It** is a common interest and mutual respect **that** create harmonious relationships.
S   V   O

직독직해 바로 공동의 이익과 상호 존중이다 / 만드는 것은 / 조화로운 관계를
문장해석 조화로운 관계를 만드는 것은 바로 공동의 이익과 상호 존중이다.

3 **It** is (in the second part of the book) **that** the hero overcomes his drawback and learns
S   V₁   O₁   V₂

a lesson.
O₂

직독직해 바로 책의 두 번째 부분이다 / 주인공이 / 극복하고 / 자신의 단점을 / 배우는 것은 / 교훈을
문장해석 주인공이 자신의 단점을 극복하고 교훈을 배우는 것은 바로 책의 두 번째 부분이다.

4 **It** was (during my high school summer vacation) **that** I (first) met my husband.
S   V   O

직독직해 바로 고등학교 여름 방학 때였다 / 내가 / 처음 만난 것은 / 남편을
문장해석 내가 남편을 처음 만난 것은 바로 고등학교 여름 방학 때였다.

5 **It** was *when* I watched the sunrise (from the mountaintop) **that** I felt a profound
S V   O   S V   O

sense of peace.

직독직해 바로 일출을 바라보던 때였다 / 산 정상에서 / 내가 / 느꼈을 때는 / 깊은 평화로움을
문장해석 내가 깊은 평화로움을 느꼈을 때는 바로 산 정상에서 일출을 바라보던 때였다.

PART 4

그 밖의 핵심 구문

01

He has been asking questions and listening to people's complaints (about city government).
<u>S</u> <u>V₁</u> <u>O₁</u> <u>V₂</u> <u>O₂</u>

직독직해 그는 질문을 하고 / 듣고 있다 / 사람들의 불만을 / 시(市)에 대한
문장해석 그는 질문을 하고 시(市)에 대한 사람들의 불만을 듣고 있다.

02

Rituals (like looking at your watch, reaching for a car key, and untying shoes) are (seldom) forgotten.
S V₁ O₁ V₂ O₂ V₃ O₃ V(수동태)

직독직해 의식은 / 시계를 보는 것, 자동차 열쇠를 찾는 것, 신발 끈을 푸는 것 같은 / 좀처럼 잊히지 않는다
문장해석 시계를 보는 것, 자동차 열쇠를 찾는 것, 신발 끈을 푸는 것 같은 의식은 좀처럼 잊히지 않는다.

03

(In spite of their continued efforts), factories and cars are (still) producing too much dirty smoke and putting too many chemicals (into the air).
S V₁ O₁ V₂ O₂

직독직해 지속적인 노력에도 불구하고 / 공장과 자동차는 / 여전히 배출하고 있다 / 너무 많은 더러운 매연을 / 방출하고 있다 / 너무 많은 화학물질을 / 대기로
문장해석 지속적인 노력에도 불구하고 공장과 자동차는 여전히 너무 많은 더러운 매연을 배출하고 대기로 너무 많은 화학물질을 방출하고 있다.

04

It may (even) be necessary to visit distant towns and villages (to collect information (from the people [who live (there)])).
가S V SC 진S to 부정사(목적) S관·대 V

직독직해 그것은 필요로 할지도 모른다 / <뭐를?> 방문하는 것을 / 멀리 떨어진 도시와 마을을 / 정보를 수집하기 위해 / 사람들로부터 / 그곳에 사는
문장해석 그곳에 사는 사람들로부터 정보를 수집하기 위해 멀리 떨어진 도시와 마을을 방문하는 것을 필요로 할지도 모른다.

05

Getting a good night's sleep (before the test) and eating a nutritious breakfast will enhance your alertness and (will) help you feel relaxed.
S₁ S₂ V₁ O₁ V₂ O₂ OC₂

직독직해 시험 전날 밤에 잘 자고 / 영양가 많은 아침 식사를 하는 것은 / 당신의 기민함을 향상하고 / 도움이 될 것이다 / 당신이 긴장을 푸는 데
문장해석 시험 전날 밤에 잘 자고 영양가 많은 아침 식사를 하는 것은 당신의 기민함을 향상하고 당신이 긴장을 푸는 데 도움이 될 것이다.

06

Hanging (by their teeth), swinging (with one arm), and turning over (in the air) are
S1   S2   S3   V
(just) a few of the acts [that circus stars do (high over head)].
SC   관·대 S   V

직독직해 이빨로 매달리기, 한 팔로 그네 타기, 공중에서 뒤집기 등은 / 행위 중 일부에 불과하다 / 서커스 스타들이 / 하는 / 머리 위의 높은 곳에서

문장해석 이빨로 매달리기, 한 팔로 그네 타기, 공중에서 뒤집기 등은 서커스 스타들이 머리 위의 높은 곳에서 하는 행위 중 일부에 불과하다.

07

The balls were (first) made of grass or leaves [held together by strings], and (were)
S   V1   O1
(later) (made) of pieces of animal skin [sewn together and stuffed with feathers or hay].
              O2

직독직해 공은 처음에는 만들어졌고 / 끈으로 묶인 풀이나 나뭇잎으로 / 나중에는 만들어졌다 / 동물 가죽 조각으로 / 함께 꿰매어 붙이고 / 깃털이나 건초로 채워진

문장해석 공은 처음에는 끈으로 묶인 풀이나 나뭇잎으로 만들어졌고 나중에는 함께 꿰매어 붙이고 깃털이나 건초로 채워진 동물 가죽 조각으로 만들어졌다.

08

Our reliable construction team plans the design [(that) you need], obtains local
S   V1   O1   관·대 생략 S   V   V2   O2
authority approval and gets our extension built (with a guarantee of satisfaction).
     V3   O3   OC3

직독직해 우리의 신뢰할 수 있는 건설 팀은 / 디자인을 설계하고 / 당신이 필요로 하는 / 지역 관할 기관의 승인을 얻으며 / 확장 공사를 진행합니다 / 만족을 보장하면서

문장해석 우리의 신뢰할 수 있는 건설 팀은 당신이 필요로 하는 디자인을 설계하고, 지역 관할 기관의 승인을 얻으며, 만족을 보장하면서 확장 공사를 진행합니다.

09

Every advance (in human understanding (since then)) has been made (by brave
S   V
individuals [daring to step into the unknown darkness and (daring) to break free from
                    V1   O1   V2
accepted ways (of thinking)]).
O2

직독직해 모든 발전은 / 인간 이해의 / 그 이후로 / 이루어졌다 / 용감한 개인들에 의해 / 미지의 어둠 속으로 대담하게 나아가고 / 벗어나려는 / 일반적으로 인정된 사고방식에서

문장해석 그 이후로 인간 이해의 모든 발전은 미지의 어둠 속으로 대담하게 나아가고 일반적으로 인정된 사고방식에서 벗어나려는 용감한 개인들에 의해 이루어졌다.

10

We learn formal skills (like learning a foreign language and doing a proof (in
physics)), not by reading a textbook and understanding the abstract principles, but
by (actually) solving problems (in those fields).

not A but B : A가 아니라 B

직독직해 우리는 / 배운다 / 형식적인 기술을 / 외국어 배우기와 물리학 증명하기 같은 / 교과서를 읽고 / 이해하는 것이 아니라 / 추상적인 원리를
/ 해결함으로써 / 문제를 / 실제로 그 분야의

문장해석 우리는 외국어 배우기와 물리학 증명하기 같은 형식적인 기술을 교과서를 읽고 추상적인 원리를 이해하는 것이 아니라 실제로 그 분야
의 문제를 해결함으로써 배운다.

11

A suitable insurance policy should provide coverage (for medical expenses [arising
from illness or accident (prior to or during their vacation]), (for) loss of vacation
money, and (for) cancellation of the holiday).

직독직해 적절한 보험 정책은 / 보장 범위를 제공해야 한다 / 의료비에 대한 / 휴가 전이나 휴가 중의 질병이나 사고로부터 발생하는 / 휴가 비용
손실 / 그리고 / 휴가 취소에 대한

문장해석 적절한 보험 정책은 휴가 전이나 휴가 중의 질병이나 사고로부터 발생하는 의료비와 휴가 비용 손실, 그리고 휴가 취소에 대한 보장 범
위를 제공해야 한다.

12

Ancient philosophers and spiritual teachers understood the need [to balance the positive
with the negative, optimism with pessimism, a striving (for success and security) with
an openness (to failure and uncertainty)].

직독직해 고대 철학자들과 영적 스승들은 / 이해했다 / 필요성을 / 균형을 유지할 / 긍정적인 것과 부정적인 것 / 낙관주의와 비관주의 / 성공과 안
전을 위한 노력과 실패와 불안정에 대한 개방성 사이의

문장해석 고대 철학자들과 영적 스승들은 긍정적인 것과 부정적인 것, 낙관주의와 비관주의, 성공과 안전을 위한 노력과 실패와 불안정에 대한 개
방성 사이의 균형을 유지할 필요성을 이해했다.

UNIT
24 비교급/원급

본서 p. 109

01

Feeling pure and complete sorrow is as impossible as feeling pure and complete joy.

비교대상

직독직해 느끼는 것은 / 순수하고 완전한 슬픔을 / 불가능하다 / 느끼는 것만큼 / 순수하고 완전한 기쁨을

문장해석 순수하고 완전한 슬픔을 느끼는 것은 순수하고 완전한 기쁨을 느끼는 것만큼 불가능하다.

02

The bigger the expectation is, the smaller the satisfaction is.
SC — S — V — SC — S — V

직독직해 클수록 / 기대가 / 더 작다 / 만족이
문장해석 기대가 클수록 만족이 더 작다.

03

Visiting a farm is (far) more educational than looking at a book (about a farm), [where
your child can pat a cow, hear ducks quack, and smell hay].

직독직해 방문하는 것은 / 농장을 / 훨씬 더 교육적인데 / 보는 것보다 / 책을 / 농장에 관한 / 그곳에서 / 당신의 자녀는 / 쓰다듬고 / 소를 / 듣고 / 오리가 / 꽥꽥거리는 소리를 / 맡을 수 있다 / 건초 냄새를
문장해석 농장을 방문하는 것은 농장에 관한 책을 보는 것보다 훨씬 더 교육적인데, 그곳에서 당신 자녀는 소를 쓰다듬고, 오리가 꽥꽥거리는 소리를 듣고, 건초 냄새를 맡을 수 있다.

04

Processing a TV message is (much) more like the all-at-once processing (of the ear)
than the linear processing (of the eye [reading a printed page]).

직독직해 TV 메시지를 / 처리하는 것은 / 훨씬 더 유사하다 / 일괄 처리 과정과 / 귀의 / 선형 처리 과정보다는 / 눈의 / 인쇄된 면을 읽는
문장해석 TV 메시지를 처리하는 것은 인쇄된 면을 읽는 눈의 선형 처리 과정보다는 귀의 일괄 처리 과정과 훨씬 더 유사하다.

05

A person [who feels bad (with reasonable regularity)] will enjoy the occasional period
(of feeling good) (far) more than somebody [who feels good so (often) *that* he is
bored (by it)].

직독직해 사람은 / 기분이 나쁜 / 꽤 규칙적으로 / 즐길 것이다 / 때때로의 기분 좋은 기간을 / 사람보다 훨씬 더 / 좋은 기분을 너무 자주 느껴서 / 그로 인해 따분한
문장해석 꽤 규칙적으로 기분이 나쁜 사람은, 좋은 기분을 너무 자주 느껴서 그로 인해 따분한 사람보다 때때로의 기분 좋은 기간을 훨씬 더 즐길 것이다.

06

Rosberg observed <that color advertisements (in the trade publication *Industrial
Marketing*) produced more attention than black and white advertisements>.

직독직해 Rosberg는 / 말했다 / 컬러 광고가 / 업계 간행물 『Industrial Marketing』의 / 끌어낸다고 / 더 많은 관심을 / 흑백 광고보다
문장해석 Rosberg는 업계 간행물 『Industrial Marketing』의 컬러 광고가 흑백 광고보다 더 많은 관심을 끌어낸다고 말했다.

07

(According to research from the University of Chicago), individuals (without strong
S
bonds of friendship, family, or community) get colds at four times the rate of people
V   O   비교대상
[who have such bonds].
S관·대 V O

cf. 배수사 + the + 명사(size/height/length/weight) of: 명사의 ~배 ...한

직독직해 시카고 대학의 연구에 따르면 / 사람은 / 우정, 가족, 공동체의 강한 유대감이 없는 / 감기에 걸린다 / 4배 비율로 / 사람보다 / 그런 유대
감을 가진

문장해석 시카고 대학의 연구에 따르면, 우정, 가족, 공동체의 강한 유대감이 없는 사람은 그런 유대감을 가진 사람보다 감기에 걸리는 비율이 4
배 더 높다.

08

As we'll see, people [who devote immense amount of time (to political news) can
S1 V1 S S관·대 V2 O2 V
(actually) be more misinformed and less reasonable than those of us [who spend (far)
SC1   SC2   비교대상 S관·대 V3
less time (in) following politics].
O3

직독직해 앞으로 살펴보겠지만 / 사람들은 / 엄청난 시간을 바치는 / 정치 뉴스에 / 실제로 더 잘못된 정보를 받고 / 덜 합리적일 수 있다 / 사람들보
다 / 훨씬 적은 시간을 쏟는 / 정치를 따르는 데

문장해석 앞으로 살펴보겠지만, 정치 뉴스에 엄청난 시간을 바치는 사람들은 실제로 정치를 따르는 데 훨씬 적은 시간을 쏟는 사람들보다 더 잘못
된 정보를 받거나 덜 합리적일 수 있다.

09

Managers [who want people to take a more team-based approach (with their people)],
S S관·대 V O   OC
(for example), will (almost certainly) get better results (by taking a more team-based
V O
approach themselves) rather than (just) (by making a speech (on teamwork)).
비교대상

직독직해 관리자는 / 원하는 / 직원들이 / 팀 기반 접근 방식을 취하기를 / 예를 들어 / 얻을 것이다 / 거의 확실히 / 더 나은 결과를 / 취함으로써 /
스스로 팀 기반 접근 방식을 / 단순히 / 연설하는 것보다 / 팀워크에 대해

문장해석 예를 들어, 직원들이 팀 기반 접근 방식을 취하기를 원하는 관리자는 단순히 팀워크에 대해 연설하는 것보다 스스로 팀 기반 접근 방식
을 취함으로써 거의 확실히 더 나은 결과를 얻을 것이다.

10

The more we try to anticipate these problems, the better we can control them.
S V   O   S V O

직독직해 우리가 / 예측하려고 노력할수록 / 이러한 문제들을 / 우리는 / 더 잘 통제할 수 있다 / 그것들을

문장해석 우리가 이러한 문제들을 예측하려고 노력할수록, 우리는 그것들을 더 잘 통제할 수 있다.

11

The harder you work, the more likely you are to get good grades, and the brighter
 S   V   S₁ V₁ SC₁
your future will be.
 S₂   V₂

직독직해 당신이 더 열심히 공부할수록 / 좋은 성적을 얻을 가능성이 커질 것이고 / 당신의 미래는 더욱 밝아질 것이다

문장해석 당신이 더 열심히 공부할수록 좋은 성적을 얻을 가능성이 커질 것이고, 당신의 미래는 더욱 밝아질 것이다.

12

The more people (there) are (in a conversation), the less well you know them, and
           S₁   V₁   S₂ V₂ O₂
the more status differences (among them) (are), the more a conversation is like public
           S₃   S   V   SC
speaking or report-talk.

직독직해 사람이 많을수록 / 대화에 있어 / 당신이 그들을 잘 알지 못할수록 / 그리고 / 그들 사이의 지위 차이가 클수록 / 그 대화는 더욱 비슷하다 / 대중 연설이나 보고식 대화와

문장해석 대화에 있어 사람이 많을수록, 당신이 그들을 잘 알지 못할수록 그들 사이의 지위 차이가 클수록 그 대화는 더욱 대중 연설이나 보고식 대화와 비슷하다.

UNIT 25 기타 구문/기호의 쓰임새

📖 본서 p. 112

01

The old man sat looking out the window, with his wife sewing (beside him).
 S   V   O   OC

직독직해 노인은 / 앉아 있었다 / 창문 밖을 바라보며 / 그의 아내는 / 바느질하면서 / 그의 옆에서

문장해석 노인은 창문 밖을 바라보며 앉아 있었고, 그의 아내는 바느질하면서 그의 옆에 있었다.

02

With much less emphasis placed (on words), many Asian cultures rely (heavily) on
      O   OC   S   V
nonverbal cues and social context (to derive meaning).
 O   to 부정사(목적)

직독직해 강조가 훨씬 덜해지면서 / 단어에 대한 / 많은 아시아 문화는 / 크게 의존한다 / 비언어적 신호와 사회적 맥락에 / 의미를 끌어내기 위해

문장해석 단어에 대한 강조가 훨씬 덜해지면서 많은 아시아 문화는 의미를 끌어내기 위해 비언어적 신호와 사회적 맥락에 크게 의존한다.

03

With face-to-face conversations crowded out (by online interactions), the richness (of
   O   OC   S

real-life interactions) may be lost.
                 V   SC

직독직해 대면 대화가 / 밀려나면서 / 온라인 상호작용으로 인해 / 풍부함이 / 현실 상호작용의 / 사라질 수 있다

문장해석 온라인 상호작용으로 인해 대면 대화가 밀려나면서 현실 상호작용의 풍부함이 사라질 수 있다.

04

Many people believe <that all [(that) they have to do (to relieve an acute migraine
 S   V   O   S₁ O관·대 생략 S₂ V₂   to 부정사(목적)

headache)] is to take pain-killing drugs>.
              V₁   SC₁

직독직해 많은 사람이 / 믿는다 / 모든 것은 / 그들이 해야만 하는 / 급성 편두통을 완화하기 위해 / 통증[고통]을 죽이는 약을 복용하는 것이라고

문장해석 많은 사람이 급성 편두통을 완화하기 위해 그들이 해야 하는 모든 것은 통증[고통]을 죽이는 약을 복용하는 것이라고 믿는다.

05

Climate change is making it more difficult for plant-eating animals to locate food.
  S   V   가O OC   의미상 주어   진O

직독직해 기후 변화는 / 만들고 있다 / 그것이 / 보다 어렵게 / <뭐를?> 식물을 먹는 동물이 / 먹이를 찾는 것을

문장해석 기후 변화는 식물을 먹는 동물이 먹이를 찾는 것을 보다 어렵게 만들고 있다.

06

Sun-dried fruits, (like apricots and raisins), make delicious and healthy snacks for
 S   V   SC

quick energy boosts.

직독직해 햇볕에 의해 말린[건조된] 과일은 / 살구와 건포도 같은 / 맛있고 건강한 간식이다 / 신속하게 에너지를 증가하기 위한

문장해석 살구와 건포도 같은 햇볕에 의해 말린[건조된] 과일은 신속하게 에너지를 증가하기 위한 맛있고 건강한 간식이다.

07

(By understanding our health-related motivations), we gain insights (into barriers)
                                                 S   V   O

[that keep us from enjoying better health *as* we age].
 S관·대 V₁ O₁   OC₁   S₂ V₂

직독직해 이해함으로써 / 우리의 건강과 관련된 동기를 / 우리는 / 통찰력을 얻는다 / 장벽에 대한 / 우리가 / 더 나은 건강을 누리지 못하게 하는 / 나이가 들면서

문장해석 우리의 건강과 관련된 동기를 이해함으로써 우리는 나이가 들면서 우리가 더 나은 건강을 누리지 못하게 하는 장벽에 대한 통찰력을 얻는다.

08

The bookstore specializes in three subjects: art, architecture, and graphic design.
S · V · O

직독직해 그 서점은 / 전문으로 한다 / 세 가지 주제를 / 미술, 건축, 그래픽 디자인의

문장해석 그 서점은 미술, 건축, 그래픽 디자인의 세 가지 주제를 전문으로 한다.

09

Some firms sell cigarettes; others sell products [that help you quit smoking].
S₁ · V₁ · O₁ · S₂ · V₂ · O₂ · S관·대 · V · O · OC

직독직해 어떤 회사들은 / 담배를 팔고 / 다른 회사들은 / 제품을 판다 / 당신이 금연하는 것을 도와주는

문장해석 어떤 회사들은 담배를 팔고, 다른 회사들은 당신이 금연하는 것을 도와주는 제품을 판다.

10

Heavy snow continues to fall (at the airport); (consequently), all flights have been
S · V · O · S · V
canceled.

직독직해 폭설이 / 계속 내린다 / 공항에 / 그 결과 / 모든 항공편이 취소되었다

문장해석 공항에 폭설이 계속 내려서 그 결과 모든 항공편이 취소되었다.

11

Even the simplest tasks — washing, dressing, and going to work — were (nearly)
S · V
impossible *after* I broke my leg.
SC · S V · O

직독직해 가장 간단한 일조차 / 빨래, 옷 입기, 출근 등 / 거의 불가능했다 / 내가 다리가 부러진 후에는

문장해석 내가 다리가 부러진 후에는 빨래, 옷 입기, 출근 등 가장 간단한 일조차 거의 불가능했다.

12

The digital revolution means <that (sooner or later) students and adults are going to
S · V · O · S · V
need an (entirely) new set of skills: how to get information, where to find it, and how
O · 의문사 to+RV → 명사구
to use it>.

직독직해 디지털 혁명은 / 의미한다 / 조만간 / 학생과 성인들이 / 필요로 할 예정이라는 것을 / 완전히 새로운 일련의 기술을 / 어떻게 정보를 얻고, 어디서 정보를 찾고, 어떻게 그것을 이용할지 등과 같은

문장해석 디지털 혁명은 조만간 학생과 성인들이 어떻게 정보를 얻고, 어디서 정보를 찾고, 어떻게 그것을 이용할지 등과 같은 완전히 새로운 일련의 기술을 필요로 할 예정이라는 것을 의미한다.

13

A woman may save her household money (to carpet her bedrooms); her neighbor may
S — V — O — to 부정사(목적) — S — V

save hers (to buy a second car).
O — to 부정사(목적)

직독직해 어떤 여자는 / 절약할지도 모른다 / 가계 자금을 / 침실에 카펫을 깔기 위해 / 반면에 / 그녀의 이웃은 / 절약할지도 모른다 / 가계 자금을 / 차를 한 대 더 사기 위해

문장해석 어떤 여자는 침실에 카펫을 깔기 위해 가계 자금을 절약할지도 모른다. 반면에 그녀의 이웃은 차를 한 대 더 사기 위해 가계 자금을 절약할지도 모른다.

14

(By most estimates), more than 500 million people — roughly one out of every nine
S

— suffer from serious malnutrition (today), compared with 100 million to 200 million
V — O — 비교대상

— one out of every 14 to 25 people (in the 1950's).

직독직해 대부분의 추산에 따르면 / 5억 명 이상의 사람(약 9명 중 1명)이 / 겪고 있다 / 심각한 영양실조를 / 오늘날 / 1억~2억 명(14~25명 중 1명)에 비해 / 1950년대에는

문장해석 대부분의 추산에 따르면 1950년대에는 1억~2억 명(14~25명 중 1명)에 비해, 오늘날 5억 명 이상의 사람(약 9명 중 1명)이 심각한 영양실조를 겪고 있다.

15

Some heroes shine (in the face of great adversity), performing amazing deeds (in
S1 — V1 — V1 — O1

difficult situations); other heroes do their work (quietly), (being) unnoticed (by most
S2 — V2 — O2 — V2

of us), but making a difference (in the lives of other people).
V3 — O3

직독직해 몇몇 영웅들은 / 빛난다 / 엄청난 역경에서도, 그러면서 수행한다 / 놀라운 행동을 / 어려운 상황에서 / 그러나 / 다른 영웅들은 / 한다 / 그들의 일을 / 조용히 / 그러면서 주목받지 못하지만 / 우리 대부분에게 / 그러면서 변화를 만든다 / 다른 사람의 삶에

문장해석 몇몇 영웅들은 어려운 상황에서 놀라운 행동 수행하면서 엄청난 역경에서도 빛나지만, 다른 영웅들은 우리 대부분에게 주목받지 못하지만 다른 사람의 삶에 변화를 만들면서 조용히 그들의 일을 한다.

UNIT 26 중요 구문 정리

본서 p. 116

01

It was not *until* yesterday that I knew the truth.
It ~ that 강조 구문 — S V — O

직독직해 어제가 되고서야 비로소 / 나는 / 알았다 / 그 사실을

문장해석 어제가 되고서야 비로소 나는 그 사실을 알았다.

It was not *until* I left school **that** I realized the importance of study.
It ~ that 강조 구문   S V   O   S V   O

직독직해 나는 학교를 떠나고 나서야 비로소 / 나는 깨달았다 / 공부의 중요성을

문장해석 나는 학교를 떠나고 나서야 비로소 공부의 중요성을 깨달았다.

02

It will not be long *before* this patient gets well.
비인칭S V   SC   S   V   SC

직독직해 머지 않을 것이다 / 이 환자가 회복되기까지는

문장해석 이 환자가 회복되기까지는 머지 않을 것이다(머지 않아 이 환자는 회복할 것이다).

It was not long *before* she realized her mistake and apologized.
비인칭S V SC   S   V₁   O₁   V₂

직독직해 머지 않았었다 / 그녀는 / 깨닫고 / 자신의 실수를 / 사과하기 전까지

문장해석 머지않아 그녀는 자신의 실수를 깨닫고 사과했다.

It will be long *before* we reach a solution (to this complex issue).
비인칭S V SC   S   V   O

직독직해 오랜 시간이 지날 것이다 / 우리가 해결책을 찾기까지는 / 이 복잡한 문제에 대한

문장해석 오랜 시간이 지나 우리가 이 복잡한 문제에 대한 해결책을 찾을 것이다.

03

You may as well finish the project (today) (to avoid any delays).
S   V   O   to 부정사(목적)

직독직해 너는 / 완료하는 것이 낫다 / 프로젝트를 / 오늘 / 지연을 피하기 위해

문장해석 지연을 피하기 위해 너는 오늘 프로젝트를 완료하는 것이 낫다.

You may well get angry (at his rude words).
S   V   SC

직독직해 네가 / 당연하다 / 화를 내는 것도 / 그의 무례한 말에

문장해석 네가 그의 무례한 말에 화를 내는 것도 당연하다.

04

No matter how far we advance our technology, we'll (still) need to know how to think

S   V   O   S   V   O

and read.

> **직독직해** 우리가 / 아무리 (멀리) 발전시킨다고 해도 / 우리의 기술을 / 우리는 여전히 알아야 한다 / 생각하고 읽는 방법을
> **문장해석** 우리가 아무리 (멀리) 우리의 기술을 발전시킨다고 해도 우리는 여전히 생각하고 읽는 방법을 알아야 한다.

No matter how indifferent the universe may be (to make our choices and decisions),

SC   S   V   to 부정사 (정도)

these choices and decisions are ours [to make].

S   V   SC

> **직독직해** 아무리 무관심하더라도 / 우주가 / 우리의 선택과 결정에 / 이러한 선택과 결정은 / 우리가 내리는 것이다
> **문장해석** 우주가 우리의 선택과 결정에 아무리 무관심하더라도 이러한 선택과 결정은 우리가 내리는 것이다.

A job, (however unpleasant or poorly paid (it was)), was a man's most precious

S   SC1   SC2   S   V   V   SC

possession.

> **직독직해** 직업은 / 아무리 불쾌하고 보수가 낮더라도 / 한 사람의 가장 소중한 재산이었다
> **문장해석** 아무리 불쾌하고 보수가 낮더라도 직업은 한 사람의 가장 소중한 재산이었다.

Every parent knows <how important the choice of friends is (for every child)>.

S   V   O   SC   S   V

> **직독직해** 모든 부모는 / 알고 있다 / 얼마나 중요한지 / 친구를 선택하는 것이 / 모든 자녀에게
> **문장해석** 모든 부모는 친구를 선택하는 것이 모든 자녀에게 얼마나 중요한지 알고 있다.

05

You should have obeyed your parents.

S   V   O

> **직독직해** 너는 / 순종했어야 했는데 (하지 않았다) / 부모님께
> **문장해석** 너는 부모님께 순종했어야 했는데 (하지 않았다).

You <u>ought to have sent</u> <u>the letter</u> (by special delivery).
S V O

직독직해 너는 / 보냈어야 했는데 (하지 않았다) / 그 편지를 / 속달로
문장해석 너는 그 편지를 속달로 보냈어야 했는데 (하지 않았다).

06

<u>I</u> <u>would rather read</u> <u>a book</u> than <u>watch</u> <u>television</u> (in my free time).
S V₁ O₁ V₂ O₂

직독직해 나는 / 읽는 것이 더 낫다 / 책을 / 텔레비전을 보는 것보다 / 여가시간에
문장해석 나는 여가시간에 텔레비전을 보는 것보다 책을 읽는 것이 더 낫다.

<u>I</u> <u>would rather spend</u> <u>my weekend hiking</u> (in the mountains) than (spend my weekend)
S V O
<u>lounging</u> (at home).

직독직해 나는 / 보내는 것이 더 낫다 / 하이킹을 하면서 / 산에서 / 주말을 / 느긋하게 쉬는 것보다 / 집에서
문장해석 나는 집에서 느긋하게 쉬는 것보다 산에서 하이킹을 하면서 주말을 보내는 것이 더 낫다.

07

<u>The increase</u> (in the number of cars) <u>has</u> (much) <u>to do with</u> <u>air pollution</u>.
S V O

직독직해 자동차 수의 증가는 / 많은 관계가 있다 / 대기 오염과
문장해석 자동차 수의 증가는 대기 오염과 많은 관계가 있다.

<u>The rumors</u> [circulating about her] <u>had nothing to do with</u> <u>her professional reputation</u>.
S V O

직독직해 소문은 / 그녀에 관해 떠도는 / 아무런 관계가 없다 / 그녀의 직업적 평판과는
문장해석 그녀에 관해 떠도는 소문은 그녀의 직업적 평판과는 아무런 관계가 없다.

08

<u>He</u> <u>was</u> <u>too old</u> (to work) (any more).
S V SC to 부정사(정도)
= <u>He</u> <u>was</u> <u>so old</u> *that* <u>he</u> <u>could not work</u> (any more).
S V SC S V

직독직해 그는 / 너무 늙었다 / 일하기에는 / 더 이상
문장해석 그는 너무 늙어서 더 이상 일할 수 없다.

The book is too difficult for me (to read).
<u>S</u> <u>V</u> <u>SC</u> 의미상 주어 to 부정사 (정도)
= The book is so difficult ***that*** I cannot read it.
<u>S</u> <u>V</u> <u>SC</u> <u>S</u> <u>V</u> <u>O</u>

직독직해 그 책은 / 너무 어렵다 / 내가 읽기에는
문장해석 그 책은 내가 읽기에는 너무 어렵다(그 책은 너무 어려워서 나는 읽을 수 없다).

He is not too poor (to buy it).
<u>S</u> <u>V</u> <u>SC</u> to 부정사 (정도)
= He is not so poor ***that*** he cannot buy it.
<u>S</u> <u>V</u> <u>SC</u> <u>S</u> <u>V</u> <u>O</u>

직독직해 그는 / 가난하지 않다 / 그것을 사지 못할 만큼
문장해석 그는 그것을 사지 못할 만큼 가난하지 않다(그는 그것을 사지 못할 정도로 가난하지 않다).

09

She was kind enough (to invite me to her birthday party).
<u>S</u> <u>V</u> <u>SC</u> to 부정사 (정도)
= She was so kind as to invite me to her birthday party.
<u>S</u> <u>V</u> <u>SC</u>
= She was so kind ***that*** she could invite me to her birthday party.
<u>S</u> <u>V</u> <u>SC</u> <u>S</u> <u>V</u> <u>O</u>

직독직해 그녀는 / 충분히 / 친절했다 / 나를 초대할 만큼 / 그녀의 생일 파티에
문장해석 그녀는 나를 그녀의 생일 파티에 초대할 만큼 충분히 친절했다.

10

I cannot help laughing at his red tie.
<u>S</u> <u>V</u> <u>O</u>
= I cannot but laugh at his red tie.
<u>S</u> <u>V</u> <u>O</u>

직독직해 나는 / 웃을 수밖에 없다 / 그의 빨간 넥타이를 보고
문장해석 나는 그의 빨간 넥타이를 보고 웃을 수밖에 없다.

He could not help bursting out into laughter ***when*** he saw her queer appearance.
<u>S</u> <u>V</u> <u>O</u> <u>S</u> <u>V</u> <u>O</u>

직독직해 그는 / 웃음을 터트릴 수밖에 없었다 / 그가 / 봤을 때 / 그녀의 기묘한 모습을
문장해석 그는 그가 그녀의 기묘한 모습을 봤을 때 웃음을 터트릴 수밖에 없었다.

There is no telling <**how** far science may have progressed (by the end of the twentieth
century)>.

직독직해 아는 것은 불가능하다 / 과학이 얼마나 발전했을지는 / 20세기 말까지
문장해석 20세기 말까지 과학이 얼마나 발전했을지 아는 것은 불가능하다.

11

(On seeing the policeman), he ran away.
= *As soon as* he saw the policeman, he ran away.
= *The moment[The instant] that* he saw the policeman, he ran away.
= No sooner had he seen the policeman than he ran away.
= Hardly[Scarcely] had he seen the policeman *when[before]* he ran away.

직독직해 경찰관을 보자마자 / 그는 도망쳤다
문장해석 경찰관을 보자마자 그는 도망쳤다.

(On arriving at the airport), I telephoned (to my friend (in New York)) (so as to ask
him to come to the airport).

직독직해 공항에 도착하자마자 / 나는 전화를 걸었다 / 뉴욕에 있는 친구에게 / 그에게 부탁하려고 / 공항으로 와달라고
문장해석 공항에 도착하자마자 나는 뉴욕에 있는 친구에게 전화를 걸어 그에게 공항으로 와달라고 부탁했다.

12

<What is important> is not so much the basic ability as the process (of acquiring that
ability).

직독직해 중요한 것은 / 기본 능력이라기보다는 / 그 능력을 획득하는 과정이다
문장해석 중요한 것은 기본 능력이라기보다는 그 능력을 획득하는 과정이다.

She enjoys swimming not so much (as a form of exercise) but (as a way) [to relax].

직독직해 그녀는 / 즐긴다 / 수영을 / 운동의 형태라기보다는 / 휴식의 방법으로
문장해석 그녀는 운동의 형태라기보다는 휴식의 방법으로 수영을 즐긴다.

The important thing is not to win but to take part.
S   V   SC₁   SC₂

직독직해 중요한 것은 / 이다 / 승리하는 것이 아니라 / 참여하는 것이다

문장해석 중요한 것은 승리하는 것이 아니라 참여하는 것이다.

I recommend him, not *because* I am fond of him, but *because* I respect him.
S V   O   S₁ V₁   O₁   S₂ V₂   O₂

직독직해 나는 / 추천한다 / 그를 / 내가 좋아해서가 아니라 / 그를 / 존경하기 때문에 / 그를

문장해석 나는 그를 좋아해서가 아니라 그를 존경하기 때문에 그를 추천한다.

I'm sure (that) so much drinking will not only ruin you but also will injure your
S V   S   V₁   O₁   V₂   O₂
health.

직독직해 나는 / 확신한다 / 지나친 음주가 / 망칠 뿐만 아니라 / 당신을 / 해칠 것이라고 / 당신의 건강도

문장해석 나는 지나친 음주가 당신을 망칠 뿐만 아니라 당신의 건강도 해칠 것이라고 확신한다.

Severe illness will create a crisis not only (for the individual concerned) but also (for
S   V   O
his family).

직독직해 심각한 질병은 / 초래할 것이다 / 위기를 / 당사자뿐만 아니라 / 그의 가족에게도

문장해석 심각한 질병은 당사자뿐만 아니라 그의 가족에게도 위기를 초래할 것이다.

There is (often) a perceptual disparity between <what our children think about a given
V   S   S₁   V₁   O₁
situation> and <what we think about>.
                S₂ V₂

직독직해 종종 있다 / 지각적 차이가 있는 경우가 / 우리 아이들이 생각하는 것 / 주어진 상황에 대해 / 우리가 생각하는 것 사이에

문장해석 주어진 상황에 대해 우리 아이들이 생각하는 것과 우리가 생각하는 것 사이에 지각적 차이가 있는 경우가 종종 있다.

14

You cannot be too careful (in driving a car).
S   V   SC

직독직해 당신은 / 아무리 조심해도 지나치지 않다 / 차를 운전할 때는
문장해석 당신은 차를 운전할 때는 아무리 조심해도 지나치지 않다.

You cannot be careful enough (in driving a car).
S   V   SC

직독직해 당신은 충분히 조심할 수 없다 / 자동자를 운전하는 데
문장해석 당신은 차를 운전할 때는 아무리 조심해도 지나치지 않다.

The only thing (in the world) [that one can never receive or give too much] is love.
S   O관·대 S V₁   V₂   V SC

직독직해 유일한 것은 / 세상에서 / 아무리 많이 받거나 줄 수 없는 / 사랑뿐이다
문장해석 세상에서 아무리 많이 받거나 줘도 지나치지 않은 유일한 것은 사랑뿐이다.

We cannot know too much (about the language) [(that) we speak (every day (of our
S   V   O관·대 생략 S V
lives))].

직독직해 우리는 / 아무리 많이 알아도 지나치지 않는다 / 언어에 대해 / 우리가 일상생활에서 사용하는
문장해석 우리는 우리가 일상생활에서 사용하는 언어에 대해 아무리 많이 알아도 지나치지 않는다.

15

I cannot speak English (without making some mistakes).
S   V   O
= I never speak English but I make some mistakes.
S₁   V₁   O₁   S₂ V₂ O₂

직독직해 나는 / 말할 수 없다 / 영어를 / 실수하지 않고
문장해석 나는 영어를 말할 때마다 반드시 실수를 한다.

One cannot read *Anne Frank's Diary* (without being (deeply) impressed with her wit,
S   V   O
sensibility, and the strength of her character).

직독직해 사람은 「안네 프랑크의 일기」를 읽을 수 없다 / 깊은 인상을 받지 않고 / 그녀의 재치, 감성, 그리고 그녀의 강인한 성격에
문장해석 사람은 「안네 프랑크의 일기」를 읽을 때마다 그녀의 재치, 감성, 그리고 그녀의 강인한 성격에 반드시 깊은 인상을 받는다.

16

He is far from telling a lie.
S V SC

직독직해 그는 / 거리가 멀다 / 거짓말과는
문장해석 그는 거짓말과는 거리가 멀다(그는 결코 거짓말을 하지 않는다).

Watching TV (for a long time) is anything but good for the health.
S   V   SC

직독직해 TV를 오래 시청하는 것은 / 결코 좋지 않다 / 건강에
문장해석 TV를 오래 시청하는 것은 결코 건강에 좋지 않다.

17

I worked (hard) *so that* I might support my family.
S V   S V   O

직독직해 나는 / 일했다 / 열심히 / 가족을 부양하기 위해
문장해석 나는 가족을 부양하기 위해 열심히 일했다.

I studied (hard) (so as to pass the examination).
S V   to 부정사(목적)

직독직해 나는 / 공부했다 / 열심히 / 시험에 합격하기 위해
문장해석 나는 시험에 합격하기 위해 열심히 공부했다.

I spoke (slowly) *so that* the children could understand <what I said>.
S V   S1   V1   O1   S2 V2

직독직해 나는 / 말했다 / 천천히 / 아이들이 이해할 수 있도록 / 내 말을
문장해석 나는 아이들이 내 말을 이해할 수 있도록 천천히 말했다.

He wrote it down *lest* he should forget it.
S V O S V O

= He wrote it down *so that* he might not forget it.
S V O S V O

= He wrote it down *for fear that* he should not forget it.
S V O S V O

직독직해 그는 / 적어 두었다 / 그것을 / 그는 잊어버리지 않으려고 / 그것을

문장해석 그는 그것을 잊어버리지 않으려고 적어 두었다.

The wind was so strong *that* he could not walk across the bridge.
S V SC S V O

He had to go on his hands and knees, *lest* he should be blown away.
S V S V

직독직해 바람이 / 너무 세서 / 그는 걸어서 건널 수가 없었다 / 다리를
그는 (기어)가야만 했다 / 손과 무릎으로 / 날아가지 않도록

문장해석 바람이 너무 세서 그는 다리를 걸어서 건널 수가 없었다.
그는 날아가지 않도록 손과 무릎으로 (기어)가야만 했다.

REVIEW TEST

01

(Of all the housework) [(that) she did], <what she hated most> was to wash the
        O관·대 생략   S   V   S   V   SC
dishes.

직독직해 모든 집안일 중에 / 그녀가 했던 / 그녀가 가장 싫어했던 것은 / 설거지였다

문장해석 그녀가 했던 모든 집안일 중에 그녀가 가장 싫어했던 것은 설거지였다.

02

Thunderstorms are made *when* the summer air (near the ground) is hot but the air (a
      S   V   S₁   V₁ SC₁   S₂
few miles up) is freezing cold.
              V₂ SC₂

직독직해 뇌우는 / 발생한다 / 여름 공기가 / 지면 근처의 / 뜨겁지만 / 공기가 / 몇 마일 위의 / 아주 차가울 때

문장해석 뇌우는 지면 근처의 여름 공기가 뜨겁지만 몇 마일 위의 공기가 아주 차가울 때 발생한다.

03

If you have a big job (with lots of paper work), we have a little idea [that might help
   S₁ V₁   O₁   S   V   O   S관·대 V₂
you get through it (more efficiently)].
O₂   OC₂

직독직해 만약 / 당신이 / 일이 많다면 / 서류 작업으로 / 우리는 작은 아이디어가 있다 / 도움이 될 수 있는 / 당신이 그 일을 처리하는 데 / 더 효율
적으로

문장해석 만약 당신이 서류 작업으로 일이 많다면, 우리는 당신이 그 일을 더 효율적으로 처리하는 데 도움이 될 수 있는 작은 아이디어가 있다.

04

They (also) include subconscious thought <that you were not (even) aware <(that)
  S   V   O   동격 S₁ V₁   O₁
you were thinking> *until* you sat down (to write)>.
S₂ V₂   S₃ V₃   to 부정사 (목적)

직독직해 그것들은 / 또한 포함한다 / 잠재의식적인 생각을 / 당신이 인식조차 하지 못했다는 / 당신이 생각하고 있는 중이었다는 사실을 / 자리에
앉기 전까지는 / 글을 쓰기 위해

문장해석 그것들은 당신이 글을 쓰기 위해 자리에 앉기 전까지는 당신이 생각하고 있는 중이었다는 사실을 인식조차 하지 못했다는 잠재의식적
인 생각도 포함한다.

05

When you are going on a hike or a summer vacation, try to stay away from places [that
S1 V1   V   O   S관·대
are full of either poison ivy or poison oak].
V2   O2

직독직해 당신이 / 하이킹을 가거나 / 여름휴가를 갈 때 / 장소는 피하도록 하라 / 덩굴옻나무나 옻나무가 많은
문장해석 당신이 하이킹을 가거나 여름휴가를 갈 때, 덩굴옻나무나 옻나무가 많은 장소는 피하도록 하라.

06

One of the first things [that people [studying English] learn] is <that the game [called
S   O관·대 S1   V1   V   SC   S2
football] is called soccer (in North America)>.
         V2   SC2

직독직해 맨 처음 것들 중 하나는 / 사람들이 / 영어를 공부하는 / 배우는 / 이다 / 게임이 / 불리는 / football(축구)이라고 / 불린다는 것이다 /
soccer라고 / 북미에서는
문장해석 영어를 공부하는 사람들이 배우는 맨 처음 것들 중 하나는 football(축구)이라고 불리는 게임이 북미에서는 soccer라고 불린다는 것이다.

07

We (often) hear stories of ordinary people [who, if education had focused on creativity,
S   V   O   S관·대 S1   V1   O1
could have become great artists or scientists].
V2   SC2

직독직해 우리는 / 자주 듣는다 / 평범한 사람들의 이야기를 / 창의성에 초점을 맞춘 교육을 했다면 / 훌륭한 예술가나 과학자가 될 수 있었던
문장해석 우리는 창의성에 초점을 맞춘 교육을 했다면 훌륭한 예술가나 과학자가 될 수 있었던 평범한 사람들의 이야기를 자주 듣는다.

08

A common belief is <that if we find someone [who likes to do the same thing [(that)
S   V   SC   S1 V1   O1   S관·대 V2   O2   O관·대 생략
we do]], then we will get along and we will be happy>.
S3 V3   S4   V4   S5   V5   SC5

직독직해 일반적인 믿음이 / 있다 / 우리가 사람을 찾으면 / 똑같은 일을 좋아하는 / 우리가 하는 / 그러면 / 우리는 잘 지내고 / 행복할 것이라는
문장해석 우리가 하는 똑같은 일을 좋아하는 사람을 찾으면 우리는 잘 지내고 행복할 것이라는 일반적인 믿음이 있다.

09

When a co-worker announced (one morning) <that he and his wife were expecting
S1   V1   O   S2   V2
their first child>, we (all) gathered around (to congratulate him).
O2   S   V   to 부정사(목적)

직독직해 동료가 / 알렸을 때 / 어느 날 아침 / 그와 그의 아내가 / 첫 아이를 임신했다고 / 우리는 모두 모여 / 그를 축하했다
문장해석 어느 날 아침 동료가 그와 그의 아내가 첫 아이를 임신했다고 알렸을 때, 우리는 모두 모여 그를 축하했다.

10

They must accept the criticism (of others) but be suspicious of it, and they must
S₁ V₁ O₁ V₂ O₂ S₃ V₃

accept the praise (of others) but be (even) more suspicious of it.
O₃ V₄ O₄

직독직해 그들은 / 받아들여야 한다 / 다른 사람의 비판을 / 하지만 / 그것을 의심해야 한다 / 그리고 / 그들은 / 받아들여야 한다 / 다른 사람의 칭찬을 / 하지만 / 그것을 더욱 의심해야 한다

문장해석 그들은 다른 사람의 비판은 받아들이되 의심해야 하며, 다른 사람의 칭찬은 받아들이되 더욱 의심해야 한다.

11

I have widened my horizons (to include many delightful people) [whom I might have
S V O to 부정사(목적) O관·대 S₁ V₁

never known if I had maintained my original judgement].
S₂ V₂ O₂

직독직해 나는 / 내 시야를 넓혔다 / 많은 유쾌한 사람들을 포함하도록 / 내가 결코 알지 못했을 / 만일 / 내가 내 기존의 판단을 고수했다면

문장해석 나는 내 기존의 판단을 고수했다면 결코 알지 못했을 많은 유쾌한 사람들을 포함하도록 내 시야를 넓혔다.

12

Adding substances to foods (to give them color, enhance their flavor, or interrupt the
S to 부정사(목적) V₁ IO₁ DO₁ V₂ O₂ V₃ O₃

monotony) (of eating the same foods (day after day)) is not new.
V SC

직독직해 음식에 / 물질을 첨가하는 것은 / 그것들에 색을 더하거나 / 맛을 향상하거나 / 단조로움을 없애기 위해 / 매일 같은 음식을 먹는 / 새로운 것이 아니다

문장해석 음식에 색을 더하거나, 맛을 향상하거나, 매일 같은 음식을 먹는 단조로움을 없애기 위해 물질을 첨가하는 것은 새로운 것이 아니다.

13

Those [seeking a job] — the young and the unskilled — realized <that the best way [to
S 동격 V O S

get hired] is to acquire some experience (from volunteer work)>.
V SC

직독직해 일자리를 구하는 사람들 / 즉 젊고 기술이 없는 사람들은 / 깨달았다 / 가장 좋은 방법은 / 취업을 위한 / 경험을 쌓는 것임을 / 자원봉사 활동을 통해

문장해석 일자리를 구하는 사람들, 즉 젊고 기술이 없는 사람들은 취업을 위한 가장 좋은 방법은 자원봉사 활동을 통해 경험을 쌓는 것임을 깨달았다.

14

Biologists [studying sleep] have concluded <that it makes little difference <whether
S V O 가S₁ V₁ 진S₁

a person (habitually) sleeps (during the day or during the night)>.
S₂ V₂

직독직해 수면을 연구하는 생물학자들은 / 결론을 내렸다 / 그것은 별 차이가 없다는 / <뭐가?> 사람이 습관적으로 잠을 자는지가 / 낮에 또는 밤에

문장해석 수면을 연구하는 생물학자들은 사람이 습관적으로 낮에 또는 밤에 잠을 자는지가 별 차이가 없다는 결론을 내렸다.

15

I'm (still) walking (on a great big cloud), *so when* I meet you (at the station), don't be
surprised *if* you can't see me (for the rays of happiness [surrounding me]).

직독직해 나는 / 아직도 걷고 있다 / 크고 큰 구름 위를 / 따라서 / 내가 너를 만날 때 / 역에서 / 놀라지 마라 / 네가 나를 볼 수 없더라도 / 나를 둘러싼 행복의 광선 때문에

문장해석 나는 아직도 크고 큰 구름 위를 걷고 있으니, 내가 너를 역에서 만날 때 나를 둘러싼 행복의 광선 때문에 네가 나를 볼 수 없더라도 놀라지 마라.

16

Air traffic controllers report <*that* the long stretches (of doing relatively little) are (at
least) as stressful as the time [when they are handling many aircrafts (in the sky)].

직독직해 항공 교통 관제사는 / 보고한다 / 상대적으로 적은 일을 오랫동안 하는 것은 / 적어도 시간만큼 스트레스를 준다고 / 상공에서 많은 항공기를 다루는

문장해석 항공 교통 관제사는 상대적으로 적은 일을 오랫동안 하는 것은 상공에서 많은 항공기를 다루는 시간만큼 스트레스를 준다고 보고한다.

17

(For one thing,) you might have a job, but *unless* it is (very) well-paid, you will not
be able to afford many things *because* living in a city is (often) very expensive.

직독직해 우선 / 당신이 직업이 있어도 / 급여가 아주 좋지 않으면 / 많은 것을 감당할 수 없을 것이다 / 때문에 / 도시에 사는 것이 / 흔히는 비용이 매우 많이 들기

문장해석 우선 당신이 직업이 있어도 급여가 아주 좋지 않으면 도시에 사는 것이 흔히는 비용이 매우 많이 들기 때문에 많은 것을 감당할 수 없을 것이다.

18

Situated at an elevation of 1,350 m, the city of Kathmandu, [which looks out on the
sparkling Himalayas], enjoys a warm climate (year-round) [that makes living (here)
pleasant].

직독직해 해발 1,350미터에 위치한다, 그런 카트만두는 도시는 / 그런데 그곳은 반짝이는 히말라야를 마주 보는데 / 따뜻한 기후를 누린다 / 일 년 내내 / 여기에서의 생활을 쾌적하게 만드는

문장해석 해발 1,350미터에 위치한 카트만두 도시는 반짝이는 히말라야를 마주 보는 도시로 일 년 내내 여기에서의 생활을 쾌적하게 만드는 따뜻한 기후를 누린다.

19

Some universities remain silent (on the important issues (of the day)), justifying their
silence (on the grounds) <*that* universities are neutral and should not become involved>.

직독직해 일부 대학은 / 침묵을 지키고 있다 / 오늘날의 중요한 문제에 대해 / 그러면서 침묵을 정당화한다 / 이유로 / 대학이 중립적이며 / 개입해서는 안 된다는

문장해석 일부 대학은 대학이 중립적이며 개입해서는 안 된다는 이유로 침묵을 정당화하며, 오늘날의 중요한 문제에 대해 침묵을 지키고 있다.

20

(Instead of treating different patients [that display similar symptoms] (with the same
      S관·대 V   O
drugs)), doctors should identify root causes of disease (to come up with a personalized
              S   V   O   to 부정사(목적)
treatment).

직독직해 다른 환자를 치료하는 대신에 / 비슷한 증상을 보이는 / 같은 약으로 / 의사는 질병의 근본 원인을 찾아야 한다 / 개인 맞춤형 치료법을 마련하기 위해

문장해석 비슷한 증상을 보이는 다른 환자를 같은 약으로 치료하는 대신에, 의사는 개인 맞춤형 치료법을 마련하기 위해 질병의 근본 원인을 찾아야 한다.

21

Our incredible growth rate leads to a continuous recruitment (of ambitious programmer
S   V   O
analysts [who have the desire [to make a significant contribution to an expanding
          S관·대 V   O
company]).

직독직해 우리의 놀라운 성장률은 / 이끈다 / 프로그래머 분석가들의 지속적인 모집으로 / 열망을 가진 / 상당히 이바지하고자 하는 / 회사 확장에

문장해석 우리의 놀라운 성장률은 회사 확장에 상당히 이바지하고자 하는 열망을 가진 프로그래머 분석가들의 지속적인 모집을 이끈다.

22

If the painting [(that) you looked at] was a seascape, you may have liked it *because*
    S1   O관·대 생략 S2 V2   V1   SC1   S   V   O
the dark colors and enormous waves reminded you of the wonderful memories [(that)
S3   V3   IO DO   O관·대 생략
you had (in your hometown)].
S4 V4

직독직해 만일 / 당신이 본 그림이 / 바다 풍경이었다면 / 당신은 그것이 마음에 들었을 것이다 / 왜냐하면 / 어두운 색상과 거대한 파도가 당신에게 떠올리게 했기 때문이다 / 멋진 추억을 / 당신이 고향에서 가졌던

문장해석 당신이 본 그림이 바다 풍경이었다면, 어두운 색상과 거대한 파도가 당신이 고향에서 가졌던 멋진 추억을 떠올리게 했기 때문에 마음에 들었을 것이다.

23

Many creatures use phosphorescence (at night), and *as* you move (through the water),
S1   V1 O1   S1 V1
you will cause plankton to release tiny pulses of light, leaving beautiful glowing
S2   V2   O2   OC2   V2   O2
wakes trailing (behind you).
       OC2

직독직해 많은 생물이 / 인광을 사용한다 / 밤에 / 그리고 당신이 움직일 때 / 물속에서 / 당신은 플랑크톤이 작은 빛의 펄스를 방출하게 한다, 그러면서 아름답고 빛나는 항적을 남긴다 / 길게 이어지는 / 당신 뒤로

문장해석 많은 생물이 밤에 인광을 사용하며, 당신이 물속에서 움직일 때 플랑크톤이 작은 빛의 펄스를 방출하게 하여 당신 뒤로 길게 이어지는 아름답고 빛나는 항적을 남기게 된다.

24

(Nowadays,) living in an over-crowded country [where traffic is (continuously) on the
S 관·부 S1 V1 SC1
increase, and where driving is controlled (by a great many rules and regulations)], I
관·부 S2 V2 S
feel no temptation [to drive a car].
V O

직독직해 요즘 / 과밀한 국가에 산다 / 교통량이 지속적으로 증가하고 / 운전이 통제되는 / 수많은 규칙과 규정에 의해, 그러면서 나는 유혹을 느끼지 않는다 / 자동차를 운전하고 싶은

문장해석 요즘 교통량이 지속적으로 증가하고 운전이 수많은 규칙과 규정에 의해 통제되는 과밀한 국가에 살면서 나는 자동차를 운전하고 싶은 유혹을 느끼지 않는다.

25

The manufacturers [who produce art reproductions] and the consumers [who purchase
S S관·대 V1 O1 S관·대 V2
and display them] give value (to the work of art (by making it available to many
V3 O3 V O V4 O4 OC4
people (as an item of popular culture))).

직독직해 제조업자와 / 미술품 복제품을 생산하는 / 소비자는 / 그것들을 구매하고 전시하는 / 가치를 부여한다 / 그 미술품에 / 미술품을 많은 사람이 접할 수 있도록 함으로써 / 대중문화의 하나로

문장해석 미술품 복제품을 생산하는 제조업자와 그것들을 구매하고 전시하는 소비자는 미술품을 대중문화의 하나로 많은 사람이 접할 수 있도록 함으로써 그 미술품에 가치를 부여한다.

26

(Also,) attending a live performance may let you catch many subtle details [that are
S V O OC S관·대 V
hidden (from TV viewers at home), (like a faint smile on a performer's face)].

That smile may add a whole new meaning (to the performance)!
S V O

직독직해 또한 / 라이브 공연에 참석하는 것은 / 당신이 포착할 수 있도록 하게 할 수도 있다 / 많은 미묘한 세부 사항을 / 집에 있는 TV 시청자에게는 숨겨져 있는 / 공연자의 얼굴에 가미된 희미한 미소처럼
그 미소는 / 완전히 새로운 의미를 더할 수도 있다 / 공연에

문장해석 또한, 라이브 공연에 참석하는 것은 공연자의 얼굴에 가미된 희미한 미소처럼 집에 있는 TV 시청자에게는 숨겨져 있는 많은 미묘한 세부 사항을 당신이 포착할 수 있도록 하게 할 수도 있다. 그 미소는 공연에 완전히 새로운 의미를 더할 수도 있다!

27

(In pointing out the misconceptions [that the public has (about a scientist's life)]) the
O관·대 S1 V1 S
speaker stated <that the popular picture (of the dedicated scientist [spending long
V O S2
hour in peaceful contemplation]) is true but misleading.
V2 SC2

직독직해 오해를 지적하면서 / 대중들이 과학자의 삶에 대한 가진 / 발표자는 말했다 / 헌신적인 과학자의 대중적인 이미지는 / 오랜 시간 평화로운 명상에 빠져 있는 / 사실이지만 오해의 소지가 있다고

문장해석 과학자의 삶에 대한 대중들이 가진 오해를 지적하면서 발표자는 헌신적인 과학자가 오랜 시간 평화로운 명상에 빠져 있다는 대중적인 이미지는 사실이지만 오해의 소지가 있다고 말했다.

28

People [who make friends with many different people *before* they get married] seem
to have a variety of friends (during their adult life), (to) relate to other people (in more
positive ways), and (to) have a more lasting relationship (in their marriage).

직독직해 사람들은 / 다양한 사람들과 친구를 사귀는 / 결혼하기 전에 / 같다 / 다양한 친구를 사귀고 있는 것 / 성인이 되어서도 / 다른 사람들과
관계를 맺고 / 더 긍정적인 방식으로 / 더 지속적인 관계를 유지하는 것 / 결혼 생활에서

문장해석 결혼하기 전에 다양한 사람들과 친구를 사귀는 사람들은 성인이 되어서도 다양한 친구를 사귀고, 다른 사람들과 더 긍정적인 방식으로
관계를 맺고, 결혼 생활에서 더 지속적인 관계를 유지하는 것 같다.

29

No matter where you go, *no matter who* your ancestors were, *what* school or college
you have attended, or *who* helps you, your best opportunity is (in you).
The help [(that) you get (from others)] is something (outside of you), *while* it is
<*what* you are, *what* you do>, *that* counts.

직독직해 당신이 어디로 가든 / 조상이 누구였든 / 어떤 학교나 대학에 다녔든 / 누가 도와주든 / 최고의 기회는 / 있다 / 당신 안에
도움은 / 당신이 다른 사람으로부터 얻는 / 당신 외부에 있는 것이지만 / 이다 / 당신이 누구인지 / 당신이 무엇을 하는지가 / 중요한 것은

문장해석 당신이 어디로 가든, 조상이 누구였든, 어떤 학교나 대학에 다녔든, 누가 도와주든, 최고의 기회는 당신 안에 있다. 당신이 다른 사람으로
부터 얻는 도움은 당신 외부에 있는 것이지만, 중요한 것은 당신이 누구인지, 당신이 무엇을 하는지이다.

30

One researcher conducted in-depth interviews (with people [who were imprisoned for
violent behavior]).

The interviews revealed <*that* children [who are (frequently) spanked or threatened (with
violence)] are (at very high risk of learning <*that* violence is a way [to solve problems,
(to) get what they want, or (to) protect themselves (from a perceived threat)]>>.

직독직해 한 연구자는 / 심층 인터뷰를 했다 / 폭력적인 행동으로 인해 수감 된 사람들과
인터뷰는 밝혔다 / 어린이들은 / 자주 맞거나 폭력으로 위협을 받는 / 배울 위험이 매우 크다고 / 폭력이 방법이라는 것을 / 문제를 해결
하고 / 자신이 원하는 것을 얻거나 / 인지된 위협으로부터 자신을 보호하는

문장해석 한 연구자는 폭력적인 행동으로 인해 수감된 사람들과 심층 인터뷰를 했다. 자주 맞거나 폭력으로 위협을 받는 어린이들은 폭력이 문제
를 해결하고, 자신이 원하는 것을 얻거나, 인지된 위협으로부터 자신을 보호하는 방법이라는 것을 배울 위험이 매우 크다고 인터뷰는 밝
혔다.

31

A medical study found <that children [aged six to eleven] [who had been enrolled
(at large daycare centers (as toddlers))] had about one-third as many colds as children
[who had stayed (home (as toddlers))]>.

Dr. Thomas Ball, one of the participants in the study, says <that when children
have colds as (they were) toddlers, their immune systems are learning (from these
experiences), and this learning will come back (to protect children later in life)>.

to 부정사(목적)

직독직해 한 의학 연구는 / 밝혀냈다 / 6~11세 어린이는 / 유아기에 대형 어린이집에 다녔던 / 감기에 걸릴 확률이 3분의 1 정도인 것을 / 유아기에 집에 머물렀던 어린이에 비해

Thomas Ball 박사는 / 연구 참가자 중 한 명인 / 말한다 / 아이들이 유아기에 감기에 걸리면 / 면역 체계가 학습하며 / 이러한 경험을 통해 / 이 학습이 다시 돌아올 것이다 / 나중에 아이들을 보호하기 위해 / 나중에

문장해석 한 의학 연구는 유아기에 대형 어린이집에 다녔던 6~11세 어린이는 유아기에 집에 머물렀던 어린이에 비해 감기에 걸릴 확률이 3분의 1 정도인 것으로 나타났다. 연구 참가자 중 한 명인 Thomas Ball 박사는 아이들이 유아기에 감기에 걸리면 면역 체계가 이러한 경험을 통해 학습하며, 이 학습이 나중에 아이들을 보호하기 위해 다시 돌아올 것이라고 말한다.

심슨
북스

shimson syntax

구문분석집